プロの仕事と業界を覗いてみよう

コンサルの歩き方

とあるコンサルタント［著］

はじめに

「コンサル業界に入りたいけど、良い噂も悪い噂も聞こえてきて実態がよくわからない」

就職する人が増え身近になりつつあるものの、外から見たコンサルティング業界にはまだ色々と謎が多いと思います。

「コンサル業界はすぐクビになるって本当？」
「年収どれくらいもらえるの？」
「育児と両立できる？」

コンサルタントを名乗ってXのアカウントを運用していると、匿名で様々な質問が届きます。

身近に気の置けないコンサルタントがいるならば直接聞けば済む話なので、「自称コンサルタント」ではない、いわゆる名の通ったファームに勤務している現役のコンサルタントはまだそこそこレアな存在です。

人生に大きく影響する就職というイベントに、実際に就職して何年か経験してみないとわからないという不安を抱えたまま挑むのは精神衛生上よくありません。たくさん届く質問は、そんな不安の現れではないかと考えました。面と向かって聞きづらいけどネットで調べてもなかなか実感のこもった話が見つかりづらい、そんな質問を中心に本書ではピックアップして答えています。

「希望したプロジェクトにアサインされる？」
「コンサル業界内で就職先を選ぶ基準は何？」
「コンサルからの転職先はどんな業界があるか？」

就職にあたっての決め手や、コンサルをやめた後に関しても本書ではフォローしています。コンサルティング業界で強くやりたいことがあるがそれができなかったらどうしよう、上手くコンサルタントとしてやっていけなかったら人生どうなるのか、そんな観点にもお答えするようにしています。勿論これは一人のコンサルタントが答えただけであり業界の総意ではないですが、そもそも誰かが全体像を知っているわけではない問題なので、n=1でも参考にはしていただけるかと思います。

皆さんがコンサルティング業界に就職することに不安を感じているように、コンサルティング業界や受け入れる側もコンサルティング業界をよく理解せず業界に入って失望してしまう、いわゆる「アンマッチ」な状態に不安を感じています。業界に来ていただいたからには、長く働き幸せになってほしいからです。本書が事前にそのアンマッチな状態を解消し、皆さんの不安を取り除く一助になれば幸いです。

2024年1月

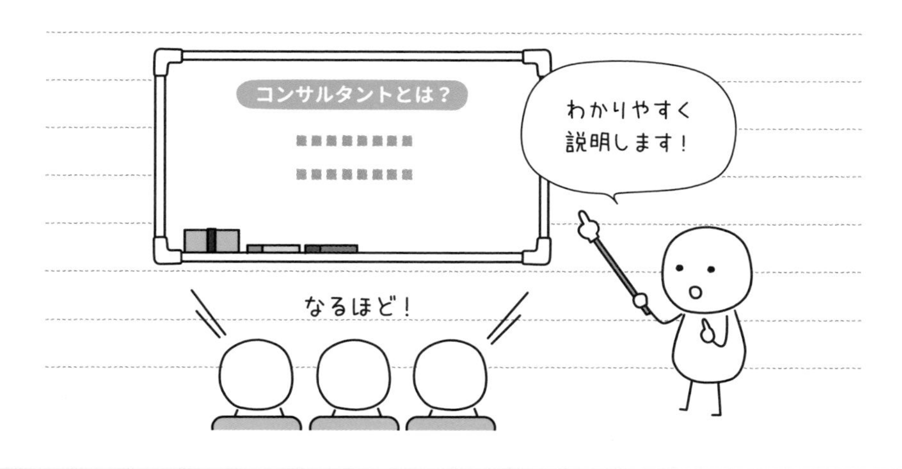

CONTENTS

2章 コンサル業界への就職活動

3章 コンサルの社内事情と生活を覗いてみよう！

4章 コンサルの思考法と仕事術

5章：コンサルの仕事をさばくコツとTIPS

6章：コンサルのスキルアップ、トラブル回避術

7章 コンサルの転職術

1章 コンサルってどんな仕事？

皆さんはコンサルティング業界にどのようなイメージをお持ちでしょうか。世間的には高収入、激務、社会的意義が大きい、企業参謀、高級文房具など様々なイメージがあるかと思います。この章では、コンサルティング業界がどんな業界で、どんな特徴があるのかを解説していきます。

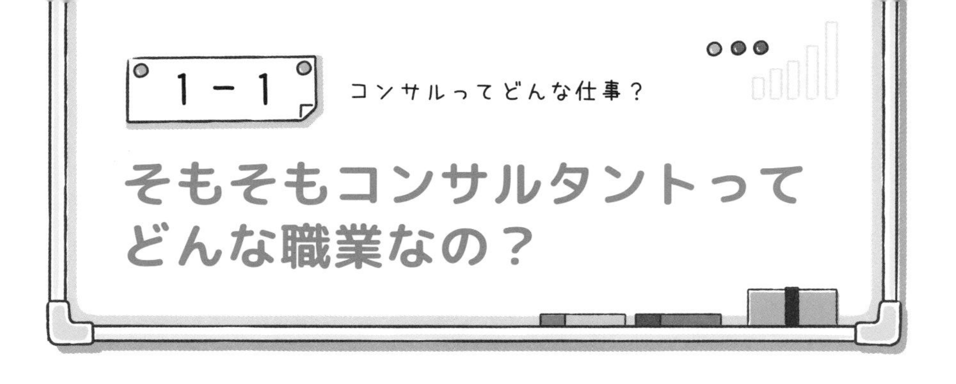

そもそもコンサルタントってどんな職業なの？

コンサルタントって一体何者？

コンサルタントとは、業務として**コンサルティングを提供する仕事**です。そして、コンサルタントが行うコンサルティングには顧客の抱える課題に対して解決策や方針・戦略を示すだけでなく、時には課題の解決に必要な業務を提供して支援することも含まれています。

顧客が抱えている課題を解決し対価を得る職業は、すべてコンサルティング業務となるので、対象とする業界や業務内容は幅広く定義も曖昧です。

免許や資格は存在せず、コンサルタントを名乗れば誰でもすぐになることができます。それゆえ、さまざまな業界でコンサルティング業務は発生し、コンサルタントがクライアント企業の事業を支援しています。

コンサルタントの種類と仕組み

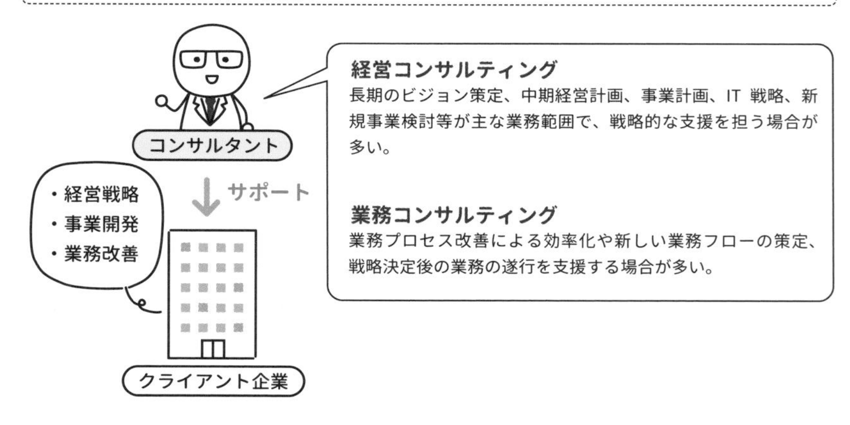

本書では、その中でも企業、行政機関など法人に対してコンサルティングを提供する「**ビジネスコンサルティング**」を対象にお話していきますが、この言葉自体も明確な定義がある用語ではありません。

アクセンチュア、アビームコンサルティング、野村総合研究所、デロイトトーマツコンサルティングといった最近の東大・京大の就職人気ランキングに載っているコンサルティング会社が提供するサービスをイメージしてもらえればあまり外れないでしょう。

◎ コンサルはクライアントが何か検討するのを支援する

コンサルタントが**具体的にどんな業務を行うか**は、所属するコンサルティングファーム(以下コンサルファーム)や顧客(以下クライアント)、依頼内容によって多岐にわたります。

企業の将来の目標設定の支援、株価対策、中期経営計画の策定支援、事業計画の検証、新規事業の探索と立ち上げの伴走、人・モノ・金といった経営資源の管理システムの導入、在庫管理手法の検討、業務の流れの明確化と改善、人事設計の支援等と本当に様々ですが、**基本的にはクライアントが何かを検討する際の支援**を行うことが主な業務内容です。

例えば、「中期経営計画の策定支援」では中期的なクライアントの目標を経営陣と設定し、それを各事業部とどのように達成するかをクライアントと一緒に検討するといった業務内容になることが多くなります。

その背景には、将来の目標設定にあたって社会・経済環境がどう変化するかがわからない、事業部側と調整を行うための時間と人手が足りない、といったその企業の抱える課題が存在しています。

コンサルファームは、その課題を専門的な知見や労働力の提供で解決し、経営陣だけでなく事業部側や計画を読むステークホルダー（関係者）も納得できる実現性の高い計画を策定するという支援を行います。それにより、将来の企業価値が高まり、高い付加価値が生み出されます。

◎ コンサルティングは労働集約型産業

コンサルティング業務は、**労働集約型産業**である点も特徴の一つであると言えます。労働集約型産業とは、お金や設備が仕事をするのではなく、人間自体の労働力への依存度が高い＝生産コストの大半が人件費である産業のことです。

ビジネスモデルにもよりますが１人あたりの売上高や利益には上限があるため、売上を増やすには頭数を増やしていく必要があります。そういう点では、案外泥臭い産業であるとも言えます。

◎ 拡大するコンサルティングの業務範囲

コンサルティング業界は、対象とする産業や提供するサービスを柔軟に変更・拡大してきており、今後もその傾向は継続すると考えられます。

以前は経営や業務のアドバイスを行うことが業務の中心でしたが、現在は**業務自体の代行やシステムの導入に事業範囲が拡大**してきています。

労働集約型産業なので事業の柔軟性が高く、容易に業態を変化させやすいことから事業範囲を限定せずに経営が成り立つのです。需要と十分な収益性があれば事業範囲はさらに広がる可能性があります。

市場規模はどれぐらい？

調査によって異なりますが、概ね数千億円から１兆円前後の規模であり、年平均成長率8%程度で成長し続けています。

社会変化の加速により、専門的な人材を社内で育成するより外部へ委託する選択を行う企業が増えていることや、社会全体でDXを推進していることがその背景にあります。

コンサルティング業界の市場規模予想

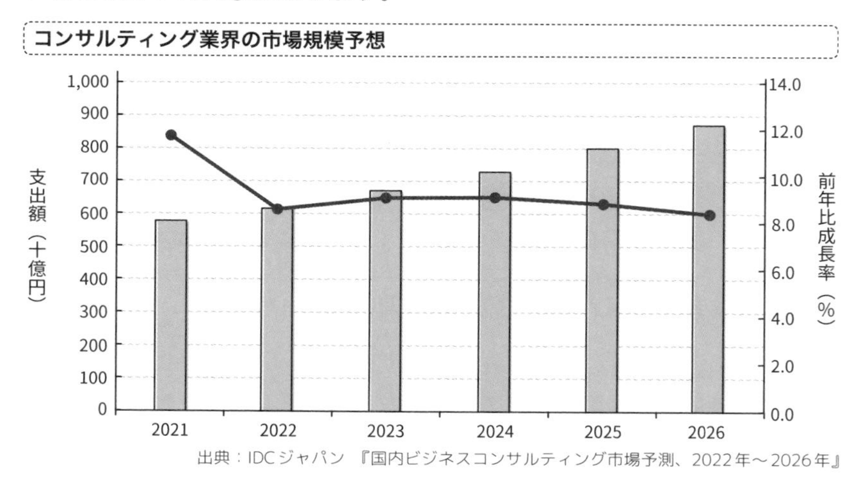

出典：IDCジャパン 『国内ビジネスコンサルティング市場予測、2022年～2026年』

1－2 コンサルってどんな仕事？

コンサル業界ってどういう風に分類される？

曖昧なコンサル業界のセグメント

コンサル業界に所属する企業はいくつかのセグメントに分類されますが、他の業界と比べてその分類方法は厳密でなく曖昧です。

前述したように事業範囲が変容・拡張しやすいので、コンサルファームごとに属するセグメントが明確ではないのが実情となっています。

特に最近は、コンサルファーム自体の売上拡大を目的として他のコンサルファームが得意とする事業分野への参入が積極的に行われ、さながら無差別級の総合格闘技の様相を呈しています。

というわけで、以下の説明で〇〇系コンサルといっても、その事業分野だけでやっているわけではないことには留意してください。

◎ 次々と立ち上がる新興ファーム

次ページの表では、コンサルファームのセグメントを整理しています。

この表のコンサル以外にも、組織人事系や特定業界を専門にしているコンサルティングが多数存在します。

大手ファームから顧客を持って独立する事例も結構多く、**参入の容易さもあり新興ファームが次々と立ち上がっています**。

老舗ファームの事業範囲は拡大する傾向にありますが、その拡大により生じた隙間を狙って新興ファームが独立・参入する構図は今後も継続するものと思われます。

戦略系	主に企業の戦略を立案するコンサル
特徴	欧米発の企業が多く、歴史も長い老舗が多い。昔は少数精鋭のコンサルタントを集めて高単価で経営戦略や新規事業戦略、M＆A戦略等を短期間で支援するスタイルが中心だが、最近は売上拡大のために採用人数を増やすとともに施策の実行を伴う長期間の伴走支援も実施するようになってきている
代表的な企業	マッキンゼー・アンド・カンパニー、ボストン コンサルティング グループ、ベイン・アンド・カンパニー（以上通称：MBB）、A.T. カーニー、ローランド ベルガー等

IT系	主にシステム導入を行っているコンサル
特徴	IT戦略の策定や業務改革支援等の上流フェーズのコンサルティングからシステム導入支援までを担当するケースが多い。近年は戦略部隊を自社内に持ち、戦略策定等の最上流からのコンサルティングを提供する企業も出てきており、総合系ファームとあまり差が小さくなる
代表的な企業	ガートナージャパン、フューチャーアーキテクト、ウルシステムズ、ケンブリッジテクノロジーパートナーズ等

総合系	戦略立案からシステム導入まで一貫して行うコンサル
特徴	会計系から独立したファームが多いが、それ以外の出自のファームもある。上流の戦略立案から、業務改善、システム導入、業務のアウトソーシングの引き受け等サービスのラインアップが最も広い。また、それに伴い従業員数が一般的に多い傾向がある
代表的な企業	デロイト トーマツ コンサルティング、EY、KPMGコンサルティング、PwCコンサルティング（以上通称：Big4）、アビームコンサルティング、アクセンチュア、日本IBM（以上7社通称：DEKAPAI）

シンクタンク系	業界の調査や政策の立案を行うことが中心
特徴	元々は企業や政府の研究機関として始まった会社が多く、現在も政府系の調査委託を受託していることが多い。それ以外でも最近の主要シンクタンクの多くは、経済調査、リサーチ、ITコンサル、マネジメントコンサルという4部門を持っており、民間企業や官公庁を対象としたコンサル部門に力を入れているところが増加。近年ではグローバルなプロジェクトも多く、実態としてシンクタンクだからという垣根はなくなってきており、総合コンサルに近い存在になる
代表的な企業	野村総合研究所、NTTデータ経営研究所、三菱UFJ リサーチ&コンサルティング、みずほリサーチ＆テクノロジーズ等

FAS系	M&Aアドバイザリー、財務を中心としたデューデリジェンス、バリューエション、PMI等のサービスを展開しているコンサル
特徴	M&A関連の業務に特化しており、出自が会計系のファームが多い。Big4系は総合系のコンサルティングと採用を共通化していた時期もあり、関係性は深い。最近は独立性を強めており、事業再生等にも進出してサービスラインを広げ、親会社と競合する傾向もみられる
代表的な企業	デロイト トーマツ ファイナンシャルアドバイザリー、PwCアドバイザリー、KPMGFAS、EYTAS等

1－3　コンサルってどんな仕事？

役職の各階層はどんな役割？年棒はどれくらい？

企業によって微妙に名称が違いますが、コンサルタントの役職はおおよそ３段階に分かれています。上から順に、**パートナー**、**マネージャー**、**スタッフ**という職位です。

責任も収入も大きいパートナークラス

職位名はファームによって様々ですが、パートナー、ディレクター、マネージングディレクター、プリンシパル等の役職名がつき、**コンサルファームの役員**にあたります。

パートナーは、自分が出資してファームの経営に関わるようになることもあります。**顧客を開拓し案件を獲得する際の中心的な役割**を担い、**クライアントのCxOや役員とのリレーションを作る**のが主な仕事です。

売上に対しての責任を負い、年間数億から数百億円の売上を作ることが求められます。また、採用や人事評価の最終的な決定者でもあります。

- **年棒は、2,000万円以上から数億円**
- **売上に対して歩合で変動する比率が高い**

◎ CxO＝最高責任者とは

CxOとは、簡単に日本語に訳すと、「**最高責任者**」です。xには、それぞれの役割や業務が入ります。

よく耳にするものでは、**CEO**（最高経営責任者）や**CFO**（最高財務責任者）などがあります。

現場責任者のマネージャークラス

マネージャー、シニアマネージャー、アソシエイトパートナー等の名称がつき2段階に分かれているケースが多く、シニアマネージャーはマネージャーの上位クラスです。一般企業ではマネージャーが課長クラス、シニアマネージャーが部長クラスとされています。

プロジェクトの実務上の実行責任者であり、クライアントの実務担当者と相対する**ファーム側の顔**として認識されます。

マネージャーはプロジェクトのタスク設計やスタッフクラスへの指示出し、クライアントへの報告を担当し、いざとなれば、リサーチやロジなどの泥臭い作業も行います。

マネージャーの数で同時に実行できるプロジェクト数が決まるため、**常に不足しているポジション**でもあります。

- **年棒は、1,000万円以上から3,000万円を超えるファームも存在**
- **ほぼどこのファームでも1,000万円を超えるため、目標にする人も多い**

新卒はここからスタート！スタッフクラス

コンサルタント、アソシエイト、アナリスト等の職位名がついて、こちらも内部で2段階に分かれていることが一般的です。

新卒はまずここからスタートし、業界未経験の中途も概ねこのランクに配置されます。

業務で行なうことは議事録の作成やロジの調整（詳しくはP102）から始まり、マネージャークラスの指示を受けての仮説検証用のデータ収集、説明用パワポの作成等の実務的な作業を担います。

マネージャーやパートナークラスからのレビューにより、コンサルティングの基礎をみっちり叩き込まれるクラスです。

- **年棒は、500万円以上から1,000万円超**
- **若いときから、日本の平均年収を大きく超えることができる**

勤続年数と職位、年収のイメージ

勤続年数の目安	職位	年収	
		戦略系	総合計
実力次第	パートナー	3,500万〜 1億円以上	2,500万〜 1億円以上
実力次第	ディレクター	3,000万〜 3,500万円	2,000万〜 2,500万円
実力次第	シニア マネージャー	2,000万〜 3,000万円	1,500万〜 2,000万円
4年	マネージャー	1,500万〜 2,000万円	1,000万〜 1,500万円
3年	シニア コンサルタント	900万〜 1,500万円	800万〜 1,000万円
3年	コンサルタント	600万〜 1,000万円	500万〜 800万円

コンサルの給与と賞与は？

基本的な給与体系は通常の**月給制が一般的**で、年俸制といいつつも、日本の制度上、12分割して1年かけて年俸をもらうことになります。

契約年俸を14分割して14分の1ずつ毎月支給し、残りをボーナスとして業績連動や評価連動分を加えて支給するパターンや、契約年棒を完全に12分割で毎月支給し、業績や評価連動で追加のボーナスが出る等のパターンもあります。

クラスが上がるほど自分及びファーム全体の業績に連動する賞与の比率が増えることが一般的で、つまり年収が上下する幅が大きくなります。実力主義的な制度ですね。

また、年棒水準は戦略系と総合系で異なり、戦略系は総合系の1つ上の階層くらいに設定されているのが一般的です。それ以外のコンサルファームも概ね総合系に近い水準、またはそれより若干下がる傾向があります。

直近はどのファームでも採用活動の激化に伴い年俸水準が上がり、在籍しているだけで年俸が増えることも普通になってきています。

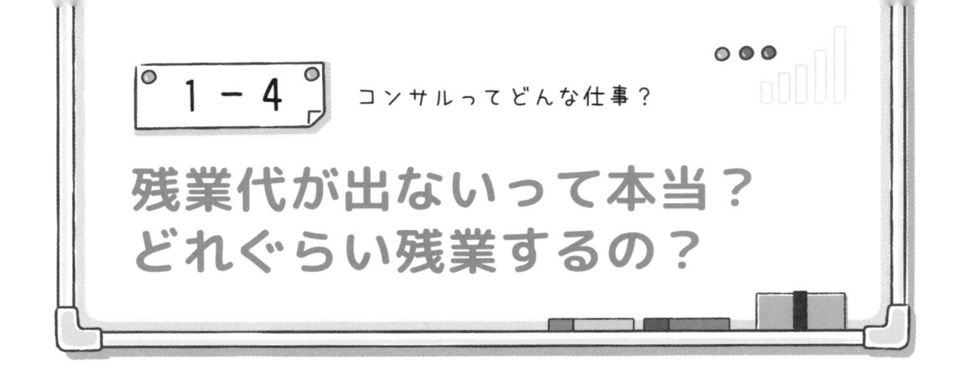

かつての長時間労働からホワイト化へ

一般的に一番下の**スタッフクラスは残業代が発生**し、**1段階昇進した時点で裁量労働制が開始**され、みなし残業となり残業代が発生しなくなります。この場合でも、深夜の上乗せ分(時給換算の25%)は支給されます。

かつては長時間労働が当たり前だったコンサル業界ですが、近年は急速にホワイト化が進み、**残業時間自体が減る傾向**にあります。

例えばアクセンチュアのプロジェクトプライドが有名です。

2015年4月から始まったこのプロジェクトでは、各種モニター指標を設定し経営上の最優先課題として取り組んだ結果、管理職未満の残業時間は1日平均1時間未満に、離職率は実施前の約半分になるという成果を残しています。

働き方改革により短縮されつつあるコンサルの残業時間

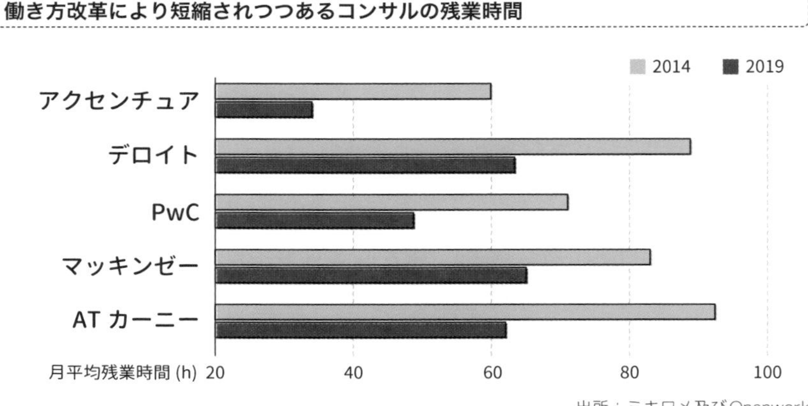

出所：ミキワメ及びOpenwork

同様の取り組みは他のファームでも行われており、少なくともスタッフ層に関してはワークライフバランスは劇的に改善しています。

一方、スタッフ層の残業時間が減少した分をマネージャー以上のプロジェクト管理者に転嫁しているケースも散見されます。

プロジェクトに参加する人間は労働時間をプロジェクトの原価として計上する(以下チャージ)のですが、**プロジェクト管理者**は収支管理も担当しており、自分がチャージしすぎて利益幅が減ると評価が下がる仕組みとなっています。

そのため、かなり残業した場合も収支が合う程度のチャージにとどめることが多いですし、管理側もよほど酷くないかぎりそのようなケースは見て見ぬフリをしているのが現状です。

仕事が時間内に終わらない、あるいは長時間チャージするだけの価格でプロジェクトを売れないのは自分の責任だというニュアンスです。

これを闇が深いと捉えるか、プロフェッショナリズムと捉えるかは人それぞれですが、基本的にはプロフェッショナリズムとして認識している人がマネージャークラス以上には多数在籍しています。

マネージャー以上にとってサービス残業は自分のせい

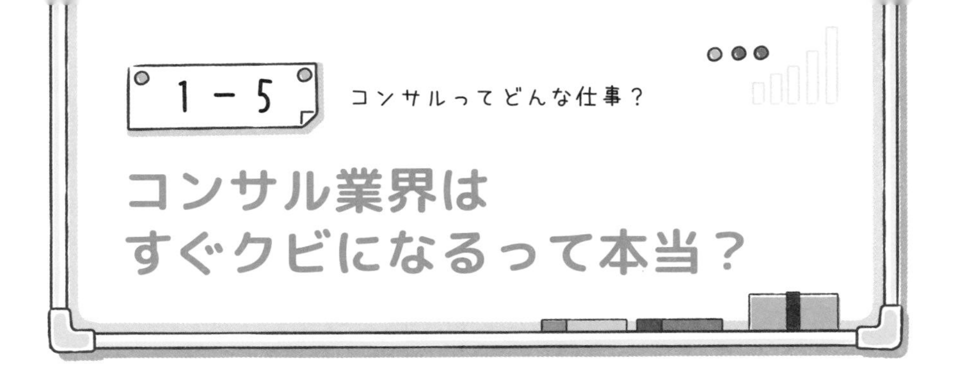

コンサル業界はすぐクビになるって本当？

10年以上前は結構クビになっていた

かつては人事評価に基づき一定の比率(例えば下位10%等)で評価が低い人に問答無用で退職してもらうことで、コンサルタントの質を担保していた時代がありました。

業績の改善余地なしだと事実上の退職勧告が

最近は、評価が一定以下だと一律で退職勧告が行われるという運用はあまり行われていません。プロジェクト内で評価が低くても、他のプロジェクトに配置される等でチャンスが与えられるのが実態です。

ただし、いくつものプロジェクトで最低評価となり、改善の余地がなさそうだと判断された場合は「**業績改善プログラム**（**PIP**：Performance Improvement Program)」を提示される可能性があります。

これは**事実上の退職勧告**で、現状ではかなり達成が難しい目標設定が与えられ、**達成できないと降格や解雇等の措置**をとるというものです。これにより奮起して目標を達成しながらパフォーマンスを上げて一線級に復帰するケースもありますが、かなりのレアケースです。大概の場合は**PIPを提示された段階で転職活動を始めた方が無難**ではあります。

これらの措置もあり、解雇ではなく自主退職となることが一般的です。

コンサルに向いていない人にとっては何かと辛いことも多く、早めに見切りをつけ次の道を模索できるという点では、本人、ファーム双方にとってもメリットのある仕組みとも言えるでしょう。

向いていない仕事で人生を無駄にする可能性も下がります。

1-6 コンサルってどんな仕事？

コンサルではどんな教育が行われる？

日々のプロジェクトでOJTによる教育

コンサルファームでの教育体制は、**OJTによる教育が大半**を占めます。

マネージャーやパートナークラスから、日々のプロジェクトでフィードバックを受けながらのOJTは教育効果が高く、どのファームもプロジェクトを通じての成長を前提としています。

逆にマネージャーやパートナーはスタッフの育成もミッションとなっており、部下の成長が目標として課されることが大半です。

◎ OJTは上司ガチャ

OJTでは良くも悪くも配属されたプロジェクトの責任者や上位者の影響が大きいため、**実際は徒弟制に近い仕組みだと言えるでしょう**。

パワハラ、育成上手……、運要素が大きい上司ガチャ

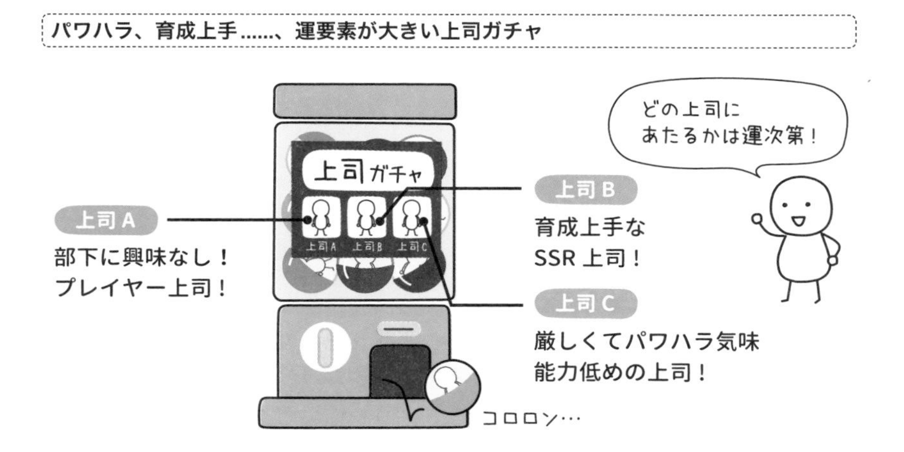

特にコンサルファーム入社直後に、誰の下につくかはコンサルとしてのスタイルや今後に大きな影響を与えます。

一方、プロジェクトの選択権は若手にないことが多く、どんな上司に当たるかは正直なところ運次第になります。もっとも、これはどんな職業でもだいたい一緒ですが。

コンサル企業は人材が資本、研修も充実

プロジェクトに参加しながらのOJTだけでなく、**各種の研修も豊富に用意**されており、プロジェクトの合間や最中に様々な研修を受けることができます。

例えば新入社員向けに基礎的な能力を身につける研修や、昇格時にそのランクで期待されているスキルや振る舞い方を学ぶことができる研修が用意されています。

さらに、過去のプロジェクトを題材としてそのプロジェクトを追体験する研修や、特定の分野向けのスキルや知見を身につける研修を用意している企業もあります。

入社後の主な研修の例

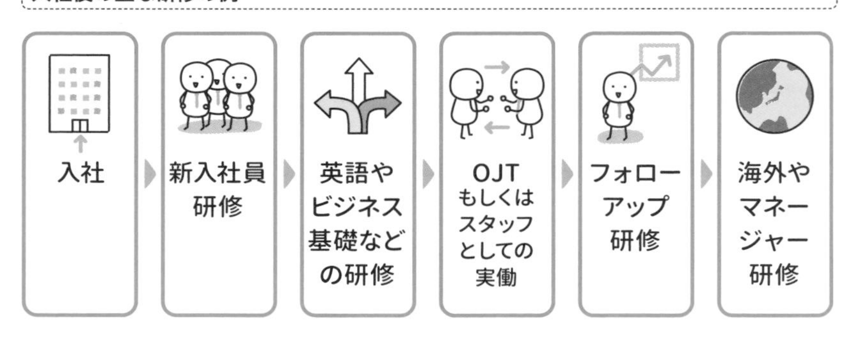

英語等の語学を身につけるためのレッスンに補助が出るファームや勉強用の書籍を経費で落とせるファームも多く、総じて学びたい者に対しては寛容なファームがほとんどです。

逆に言えば、**コンサル業界は人材が最大の資産**であり、それを磨くための投資を惜しむようなファームは生き残れないとも言えます。

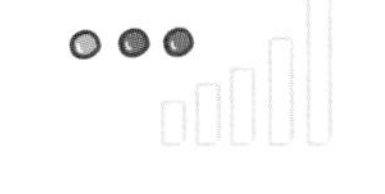

1-7 コンサルってどんな仕事？

将来のAIの影響をどう見る？

AIの進歩でコンサルタントはいなくなる？

AIの進化によりコンサルタントの仕事にも変化が生じると考えられます。

例えば、業界内の各競合の戦略をAIに組み込むことで最適化された戦略や狙うべきセグメントをAIが検討したり、情報の収集や分析といった部分はAIが一部肩代わりしてくれる可能性があります。

フォーマットを与えての公知情報からの分析といった、スタッフ層が初期に行う業務はすでに相当な部分をAIが代替することが可能です。

一方で、AIが出力した分析やロジックの正しさを確認する品質保証の役割や、プロジェクトの方向性の決定、対人間との調整など、**AIでは代替できない部分もある**ため、**コンサルタントの存在価値がなくなるわけではない**と思っています。

また、**AIを活用した新しいビジネスモデルの提案**や、**AIに関するコンサルティング業務**が増える可能性もあります。そのため、AIの進化によって、コンサルタントの仕事がなくなるわけではなく、むしろ**新しいビジネスチャンスが生まれる可能性**があると考えられます。

他に、影響を与えるとすると、コンサルティングの組織や育成論かもしれません。初期のスタッフ業務をAIにかなりの部分任せられた場合、スタッフ層の必要人数はかなり少なくなるでしょう。

一方で、マネージャー層になるためにはスタッフ層の業務経験が必要なため、AIの活用によりスタッフ層に属する時期が短くなりマネージャー層が増える、さらにスタッフ層の採用を絞った上で離職率を下げるような調整が行われる可能性があります。

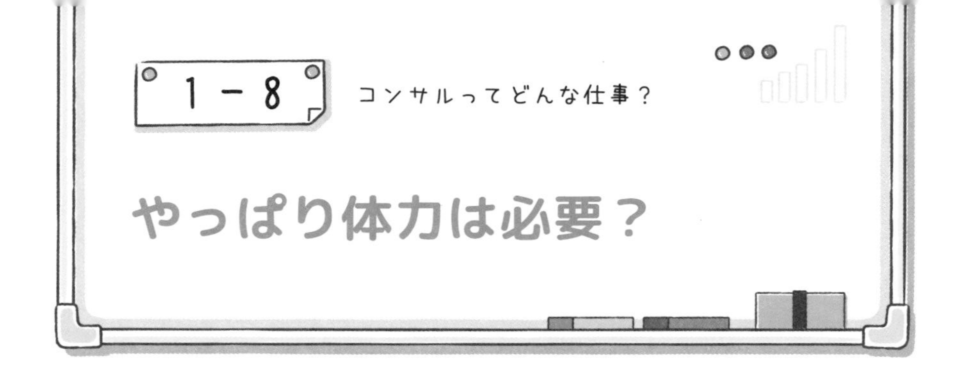

やっぱり体力は必要？

著名なコンサルタントは体力オバケ

体力は超必要です。

例えば、8時間働いた後にジムに行き、その後も平然と仕事に戻って残業している人がザラにいる世界です。

これはコンサルタントに限らず他の職業でも言えることですが、体力は全ての仕事の根幹になります。

マネージャー層以上の場合、コンサルタントとしての労働時間はどうしても長くなりがちです。

コンサルティングは陸上競技で言えば、マラソンではなく高跳びなのです。ゴールを早く駆け抜けるのではなく、成功してもそこからさらなる高みを狙って飛び続けるタイプの競技であり、つまり**長時間の労働が正義になるタイプの業務**であると言えます。

さらにプロジェクトの期限は明確に決まっており、締め切りにも追われることから、身体的な疲労やストレスが蓄積されることもあります。そのため、**体力を高め維持することは労働のパフォーマンスを高くする上で極めて重要**です。

◎ 身体的な体力と思考的な体力

- 身体的な体力（体を動かしたら減るのでわかりやすい）
- 思考的な体力（思考力や集中力が続かないなどわかりづらい）

長時間にわたり思考したときなどは、「もうこれ以上考えられない」

「脳が疲れて考えがまとまらない」みたいな状態が発生して、思考的な体力の限界を感じることがあります。

RPG風に言えば、身体的な体力はHP（ヒットポイント：敵への耐性）、思考的な体力はMP（マジックポイント：魔力量）と言えるでしょう。

HPは運動と十分な休養を繰り返すことで増やすことができ、MPに関しても、十分な脳の運動と休養を繰り返すことで増やすことができます。

◎ 日頃から考える習慣を付け、そしてよく寝よう！

コンサルタントになれば日常的に仕事で思考するので、MPは徐々に鍛えられます。MPを意識的に鍛えるための訓練として世の中のいろんなことを題材に考える習慣をもつことはとても有意義です。

著名なコンサルタントの大前研一氏が電車の中吊り広告を見て「この会社の社長に売上を伸ばして欲しいという依頼を受けたらどう対応するか」というトレーニングを日々繰り返していたというのは著作にも書かれていましたが、この例によらずともその気になれば考える題材は日常に溢れているものです。

飲食店に入ったらその店の収益性をどう伸ばすか、街ゆく人を見ては訪日外国人の消費をどう伸ばすか、そういった身近な題材で思考を続けていくことが基礎的な思考力を磨くことにつながります。

考え続けて、そしてよく寝ましょう。

体力の鍛え方

身体的な体力

健康的な運動

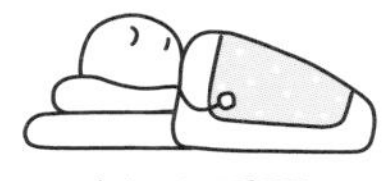

適切な睡眠

思考的な体力

脳を休める（瞑想・コーヒーブレイク）

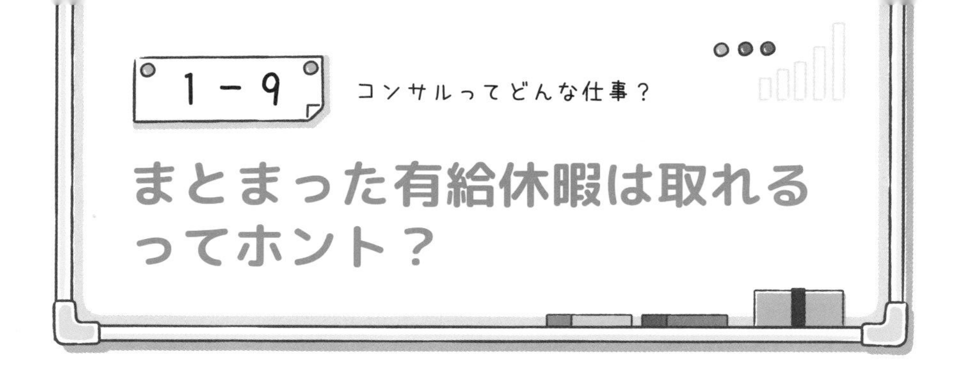

まとまった休暇はプロジェクトの合間に

有給休暇はチームやプロジェクト内で調整して取得することになるため、**まとまった休みを取るためにはチームの理解と本人の強い意志が必要**になります。

理想としてはプロジェクト終了後から次のプロジェクトが始まるまでの合間に取ることです。

プロジェクトが安定的に継続している場合はその合間がないケースも多く、次の開始タイミングも読みづらいため自然に任せていると長期の休暇を取得することは難しくなります。

そのため、旅行の計画等を入れる場合はかなり前の段階から「ここからここまで休みます」「プロジェクト終了予定日のここから夏休みです」というような宣言を行い、チーム内で調整していきましょう。

ベストは、プロジェクト提案時にクライアント含めて調整が済んでいる状態です。

有給休暇の取り方

8月
この期間
お休み
いただきます！
グー
上司
8月
オッケー
プロジェクトチーム
この期間は
有給休暇申請です。
クライアント了承済です！

◎ マネージャー以上の休暇は確固たる意志で

上記のことはスタッフ層の休暇の話で、マネージャー層以上は完全に**休暇をとる意志の問題**になります。

長期休みが取れる＝プロジェクトがない＝営業の必要ありなので、基本的にプロジェクトの合間も営業し続けなければならず、休むタイミングがありません。

強いていえば、クライアントの都合で受注タイミングが後ろにずれたときでしょうか…（それでもプロジェクトの開始が後ろにずれる＝収益が下がるという図式なので、評価に影響は出ますが）。

いずれにせよ、プロジェクトの責任者なので**自分でプロジェクトの内容を調整して、休みをつくるという確固たる意志が必要**です。

実際はそこまで有給を取得できず、年間で取得すべき最低限の日数だけ取得して毎年一定日数の有給を消滅させている人も多いと思います。

また、有給取得中もプロジェクト責任者であればクライアントからの緊急連絡等が入る可能性があるため、連絡を完全に断てないという点は意外と辛いところです。

ただ私見ですが、まとまった休みを取った方がコンサルとして長期間働いていけると思っています。休みの間にプロジェクト中のストレスが抜け、プロジェクトで得た知見が整理・体系化されて身につく感覚があるため、**特にプロジェクト終了後は数日間でもいいので休みを取り、ゆっくり過ごすことを推奨します**。

休んでいる間に脳が整理される

コンサルタントとして長く働けるコツ!!

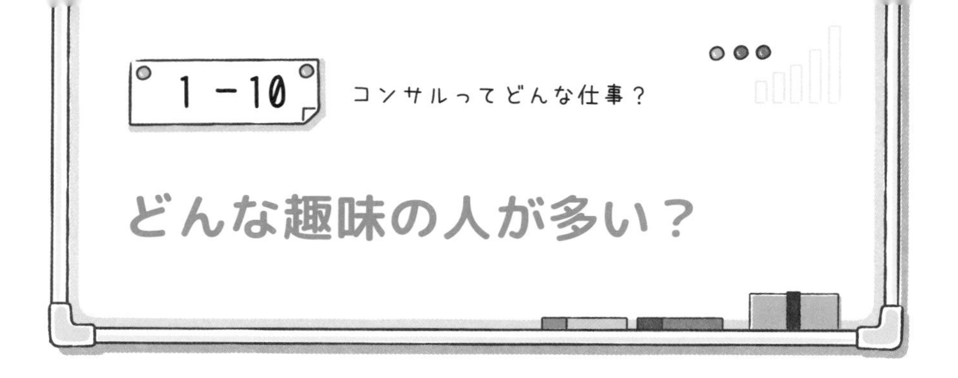

どんな趣味の人が多い？

読書が趣味な人は少ない？

趣味として一見多そうな読書ですが、**業務の延長に本によるインプット**を位置づけている人が多いので、結構な量の本を読んでいるはずなのに不思議と読書を趣味として公言するタイプの人はあまりいません。

あとは、漫画を読むのが趣味の人が意外といます。かくいう私も漫画を愛読しています。

運動系と旅行が多く、趣味レベルが高い！

健康管理もかねて運動系の趣味を持っている人は結構多く、筋トレや自転車、テニス、サーフィン、フットサル、マラソン、トライアスロンあたりは聞いたことがあります。

また、接待用にゴルフを趣味としている人も多い印象です。

あとは旅行に行く人も結構聞きますし、趣味の幅自体はおよそ一般的な人とあまり変わらないというのが私の印象です。

ただし、特徴として**趣味のレベルが高い人が多く**、コンサルタントとしての分析能力が趣味にも発揮されているケースがよく見られます。

話を聞いていると、どこからそんな時間を捻出してるのだろうと思われる人も多いですが、実際どうやっているかは謎です。

エクストリームな趣味を持っている人は大概仕事がすごくできる人が多いので、おそらく**時間のやりくりが上手い**のだと思ってます。

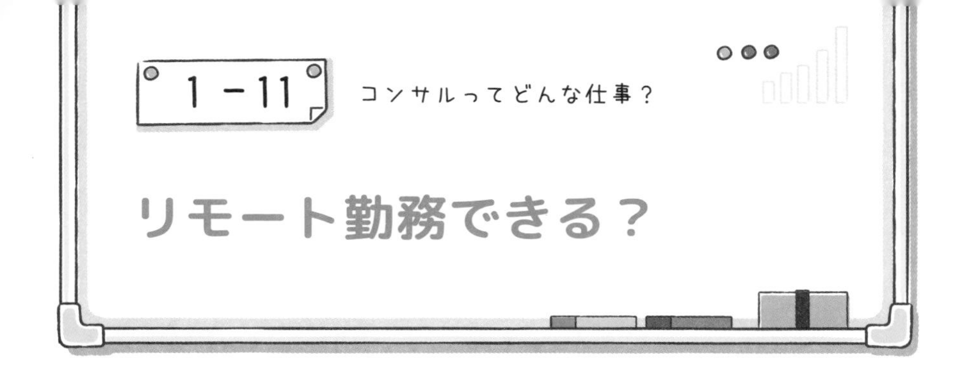

積極的なリモートワークで仕事は密に

プロジェクトによって異なりますが、私の感覚ではリモートワークは一般的な会社より積極的に活用されているように思います。

ただし、一部のプロジェクトでは出社が必要な場合もあります。大まかな割合としては、**リモートワークが全体の約40-50%程度**でしょうか。

リモートワークのメリットとして、ミーティング後の移動時間が発生しない点にあります。

そのため、以前より**ミーティングが予定として密に詰まる**ことが多く、労働の密度は高まっている気がします。

個人的な意見としては、仮説の立案や論点の整理などはチームで集まって対面で行う方が効率が良いように感じています。特にホワイトボードを使っての作業は、時間当たりのアウトプットやコミュニケーション密度が高く、伝達のロスが少ない印象です。

また、リモートワークを行っていても終日クライアントと話さないことは稀なので、結局週に3～4日はスーツで顧客先に出向く、もしくは画面越しに話していることが多くなります。

コロナ禍も一段落し、最近は**出社を推奨し始めているファームも増えており**、週3は出社しましょうという目標を通達しているところが出てきています。

純粋なアウトプット量だけでなく、従業員のエンゲージメント(愛社精神)や従業員間のコミュニケーションを重んじていることがその背景にあるようです。

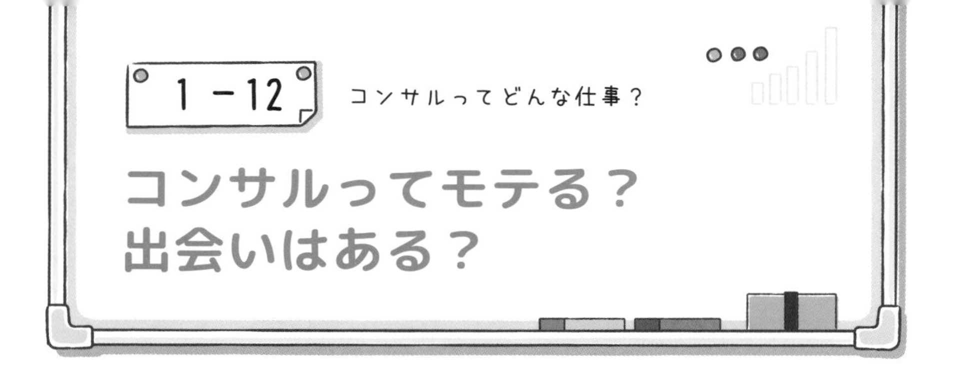

コンサルだから自然にモテることはない！

収入が高いためか、**総じて婚姻率は世間より高め**になっているという認識です。一方、出会いの場は自然に待っていてもあまり生じません。

例えば、クライアントは基本的に大手企業の部長級以上が多く、ほぼ年上の男性です。

また、オフィスにいる時間が多く、出会いの場が自然に発生する要素があまりありません。そのため、昔の同期はよく合コンを主催しており、若い頃は睡眠時間を削って合コンに行く層が結構いた印象です。

また、機会を作れたとしても**コンサルタントであるからといって自然にモテるわけではありません**。

業務で培った観察と修正能力を活かしてアジャスト（調整）している人が多いですが、**ロジックに基づいて話をしてしまう、家庭の問題をロジカルにさばこうとしてしまう(通称ロジハラ)**といったこともあり、お相手との相性にもよるように見えます。

女性コンサルタントに聞いた話だと、**女性はあまりモテない**そうです。基本的に学歴が高めであることに加えてロジカルな指摘を行う人が多く、それを苦手とするタイプの男性とは相性が悪いという話を複数のソースから聞いた経験があります。

早期に結婚している女性は、コンサル同士で結婚、学生時代から付き合ってる人とそのまま結婚するパターンが多いように見受けられます。

収入が高めな点も踏まえると総じて通常よりはモテやすい職業だと思いますが、コンサルならではのクセみたいなものがあるので、それを踏まえて積極的に相手を探していく姿勢が重要なのではないかと思います。

副業している人はそこまで多くない

基本的に本業で多大な時間がとられることと、**本業に集中した方が収入が上がる**ことから、副業にいそしむ人は多くありません。

特にスタッフ層で副業をしているという話はほとんど聞きません。

ただし、コンサルファーム自体は副業を禁止している企業はほとんどなく、**プロボノ活動**（プロとしての経験を活かしたボランティア活動）を推奨しているファームもあります。プロボノ活動としてはNPOや社団法人の経営を行う、またはそれらに対してのアドバイスを行うことが有名です。

私が知っている範囲で行われている副業としては、**SNSを用いたインフルエンサー活動**（私もその末席に座っています）や執筆活動、書籍の翻訳等があります。

また、**不動産投資**を行っており管理会社を持っている、**為替の自動売買ソフトを開発**してその運用をしている、実家がビジネスを行っておりそれを手伝っているという事例も実際に知り合いにいます。

珍しいところでは、服が好きでそれが高じて海外から買い付けをして、ネット上で販売している人もいました。

副業をしている人は多くはないですが、**コンサルティングの能力を活かした副業を行い成功している人もそこそこいる**（あまり成功してなければ事例として話さない、というバイアスがかかっている可能性がありますが）というのが結論です。

雇用が安定してなさそうだけどローンとかクレカは通る？

高収入なので審査に通りやすい

ローンは普通に通ります。むしろ**信用力は比較的高め**です。

雇用の安定性という観点から通りづらいイメージがありますが、周りでコンサルであることを理由に審査落ちしたケースは聞いたことがありません（学生時代にやらかして信用を毀損した結果、コーポレートカードの申し込みに落ちた同期がいましたが）。

コンサルはすぐクビになるイメージがある方もいるかもしれませんが意外とそんなことはありません。特に最近は人手不足もありUp or Out（昇進するか退職か）ではなくUp or Stay（昇進のいかんに関わらず会社に残るしくみ）に近い状況となっています。

米国では新卒の入社時期を後ろ倒しにする調整を行うファームも出てきていますが、これは労働需給の調整に近い話であり、また以前のようにUp or Outのスタイルに戻る可能性は低いと思っています。

コンサルは人月（にんげつ）ビジネスであり頭数がいないと売上が立たないため、**人員の確保は最優先課題**だからです。人月とは、仕事量を人数と月ベースで計算することをいいます。例えば、1人で2カ月かかる作業であれば、2人月となります。

住宅ローンに関しても通らなかったという話を周りで聞いたことがないので、おそらく大手ファームであれば比較的高めの収入によってあっさり通ると思われます。

注意点としては、**ベンチャーコンサルの場合は知名度不足で住宅ローンの審査上不利になる**可能性があるので、なるべく大手に在職中のときにローンを通しておいた方が良いでしょう。

マルチアサインとシングルアサインはどちらがいい？

それぞれの方式の特徴を見よう

マルチアサインは、同時に複数のプロジェクトにアサインされる方式（労働時間のうち半分はAプロジェクト、残りはBプロジェクトなど）で、**シングルアサイン**は1つのプロジェクトに100%アサインで入る方式です。

シンクタンク系はマルチアサインが、コンサル系はシングルアサインが基本になります（重いプロジェクトの場合はシングルアサインになるケースもあります）。

また、シングルアサインを基本とするファームでも、**シニアマネージャークラス以上はマルチアサインが一般的**です。

◎ スタッフクラスのマルチアサインの功罪

マルチアサインだと様々な種類の経験を積みやすく、体が完全に空く状態を回避しやすい点は大きなメリットです。

一方、1本のプロジェクトに深く入った方がスキルを身につけやすい、複数本のプロジェクトに同時に入ると稼働管理が難しいといった意見もあり、どちらで運用するかはファームの思想が現れる部分です。

逆にシングルアサインの場合、長期プロジェクトに入り続けるとそれ以外の経験が積めないというスタッフクラスの成長に関わる問題が発生しがちです。

結論としては、マルチアサインの方が経験を幅広く多く積めるためスタッフの成長速度が早い一方、労働時間の管理が難しくプロジェクト運営上はリスキーというのが私の認識です。

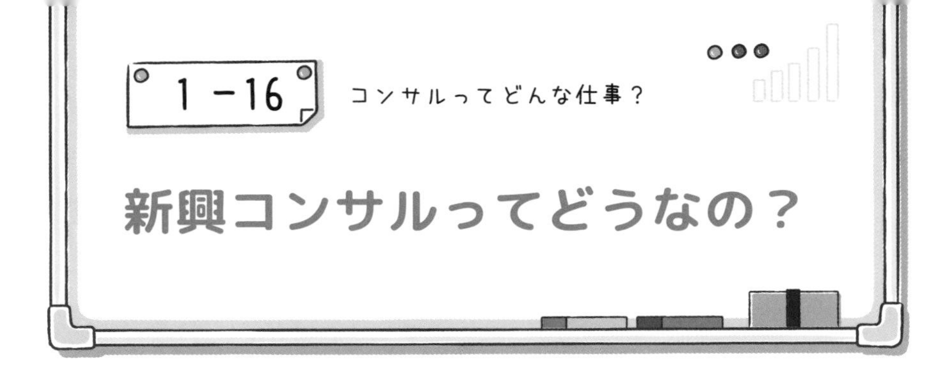

新興コンサルファームの魅力

新興コンサルファーム、通称「**ベンチャーコンサル**」には、大手コンサルファームとは異なる魅力がいくつかあります。

◎ 報酬水準が高い

これは**本国へのロイヤリティがない**、**間接費率が低い**といった理由によるものです。逆説的にはブランドがないため、人を集めるために高めの報酬水準を設定しているといえます。

業態によりますが、似たような業態の大手ファームと比較して1～2割程度、場合によっては階級が1ランク上になった程度の報酬水準が設定されているケースが多いようです。

◎ プロジェクト遂行時の権限が大きく裁量が大きい

プロジェクト遂行時の権限が大きいほか、手を挙げれば採用等の様々な業務に携わることができます。

さらに、ベンチャーコンサルを立ち上げた力のある**パートナーと近い距離でプロジェクトができる**点も魅力の一つでしょう。

大手コンサルファームだとたまにしか顔を見られないパートナーが毎日隣に座っている環境もあるため、当たりプロジェクトやメンバーを引ければ裁量の大きさも相まって自身の成長が加速します。

新興コンサルファームの欠点

一方、ベンチャーコンサルならではの欠点もあります。

◎ 体勢が手薄

裁量が大きい点の裏返しとして、**相当な部分を自分でやる**ことが求められます。これは細かな事務作業等もそうで、大手コンサルファームからベンチャーコンサルに移った際に大手は良かったという感想を抱く一つのポイントです。

◎ 労働条件が過酷なことが多い

労務管理を含めた裁量の大きさが与えられているため自分の責任でプロジェクト運営を行うので、必然的に**労働時間が長くなりがち**です。

また、ファームに所属している人数が少ないため、一度人間関係を拗(こじ)らせると逃げ場がありません。規模が小さいと、他の部署に移るといった対応がしづらいのです。小さくて小回りが効く分、柔軟に対応してもらえる可能性もありますが期待薄でしょう。

◎ ブランド力がなく転職に影響

ベンチャーコンサルは基本的に無名なので、転職時に「〇〇出身です」という説明をしてもほぼ通じません。前職の名前によるアドバンテージがない状態で転職活動を行う（場合によっては前々職の大手コンサルファームの名前の方が評価されます）ため、実際に行ったプロジェクト等の自分の実力をアピールできるものが得られなければ次の転職は厳しい戦いになるでしょう。

総じて、**大手コンサルファームからベンチャーコンサルへの転職**は、**リスクをとってリターンを大きくする**動きになります。

新卒の場合、教育体勢が整っていないケースも散見され、あまりお勧めできる選択肢ではありません。

大手である程度実力を身につけ、**即戦力となった状態でいく**ことをおすすめします。

COLUMN

コンサルタントの資産運用

コンサルタントをやっていると会社の戦略や業界内の状況を分析することが多いため株で資産運用をしたくなりますが、基本的に**個別株の売買は難しい**と思ってください。

コンサルタントは機密情報に触れることが多いため、個別株の売買には厳しい制限をかけているファームが大半です。

仮に株式投資する場合も、ファームに自分や所属部署が直接関わらない会社の株式所有について申請をして許可を得て、長期保有(半年以上等、この定義もファームにより異なる)を前提として購入することになるのが一般的です。

その後仮にその企業にコンサルタントとして関わることになった場合は都度報告が必要な他、場合によっては株式を保有していることでプロジェクトにアサインできないケースもあります。

特に**Big4と呼ばれるPwC、EY、KPMG、DTTは監査法人グループ**に所属しているため、様々な投資活動に対して他の**一般的なファームより強い制限**がかかります。

例えば監査先の株どころか監査先の銀行や証券会社の口座を持つのは禁止である他、監査先が扱う金融商品も売買が禁止されています。

監査先が変わると状況が大きく変わるため、**長期投資の王道であるインデックス投資も厳しい**状況です。

今後監査法人とコンサルティングが分離されれば状況が変わる可能性もありますが、EYが会計監査とコンサルティングを独立性を確保するために分離しようとしてその後中止された経緯もあり、まだしばらく状況は変わらないのではないかと思われます。

逆に新興ファームの場合はルール設計が緩い場合もあり、自社が関わっていない会社であれば株の売買が自由にできるケースもあります。

意外な新興ファームの利点かもしれません。

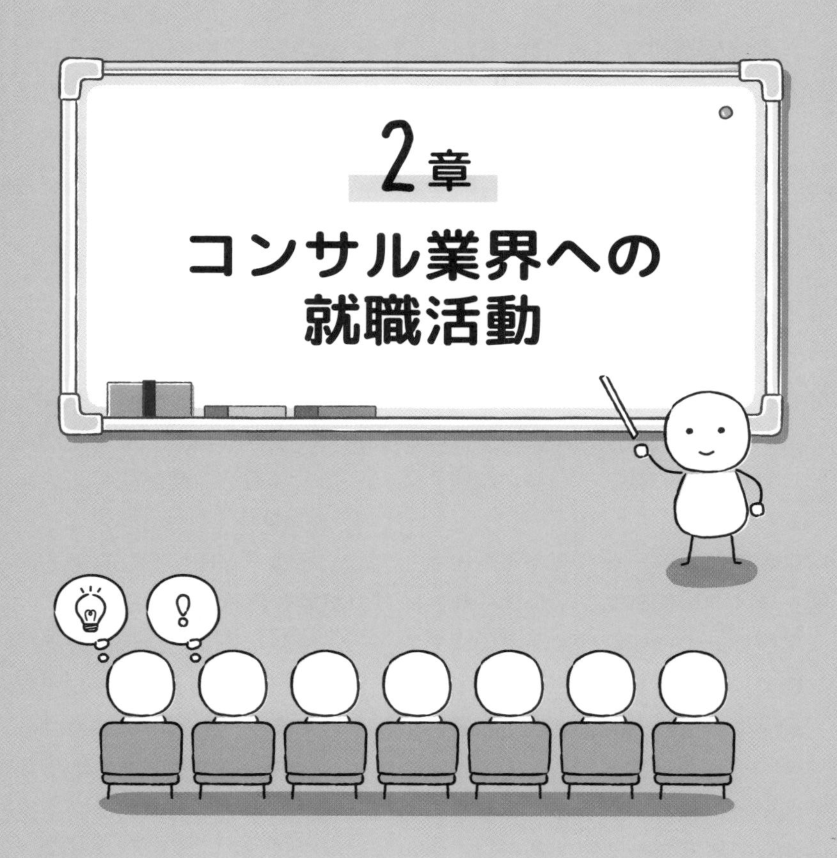

2章 コンサル業界への就職活動

かつては狭き門だったコンサルティング業界への就職ですが、昨今の採用数拡大によって門戸は広がりつつあります。とはいえ、まだまだ採用のハードルが高いのも事実。この章ではコンサルティング業界への就職活動を中心に質問に答えていきます。

採用に最も合理的な新卒の学歴フィルター

誤魔化さずにいうと、**学歴フィルターは新卒採用では存在します**。少なくとも私が今まで所属したファームには存在していました。

おおよそ**旧帝大～MARCHくらいが下限**で、それ未満は書類段階で足切りとなっていることが多い印象ですが、最近は通過範囲が広がる傾向があります。

学歴フィルターが存在する理由としては、日本で知能指数が高めの人間を選ぶ際に**学歴でフィルターをかけるのが最も合理的**だからです。

学歴が低くて知能指数が高い人ももちろん存在しますが、存在が希少なので採用コストと比較して効率が良くないのです。

例えばヘリウムは大気中に普遍的に存在しますが、大気中の濃度は低すぎてそこから濃縮すると効率が悪いため、比較的高濃度で湧く地下からの供給に頼っています（ヘリウムの液化温度は極めて低いため、空気中から分離するためには多量のエネルギーが必要です）。

人材獲得も同様で、採用活動コストあたりの採用数を高めるならば高濃度で**高知能人材が含まれる学校に集中することが合理的**なのです。

◎ 中途採用では、学歴はフォーカスされない

なお、中途採用では学歴にはさほどフォーカスされず、新卒であればフィルターされる学歴でも、十分な実力をつけていれば採用されます。

学歴が低いけどコンサルになりたい場合、いったん他の企業に就職してそこで実績を積み、それを持ってコンサルに転職するというルートが有望です。

2－2 コンサル業界への就職活動

出身学部って関係ある？

どの学部でもコンサルタントになれる

コンサルになるために出身学部はあまり関係ありません。なぜならば、学生時代の専攻を活かせるプロジェクトが少ないからです。一般的にコンサルに向く人の出身学部として挙げられるのは、経済学部や商学部です。

これらはコンサルティングを行う際にビジネスに関する知識が必要とされるからですが、学部で習ったことが直接活かせる可能性は高くありません。統計学やマーケティング系の知見は活きる可能性があります。コンサルティング業界に**比較的多いのが理系学部出身者**です。大学院卒も結構いて、理系学部の論理的思考力や研究開発を行ってきた経験が期待されています。

また、製造業をクライアントとしてコンサルティングを行う場合は、基礎的な技術に対する理解力が活きる可能性があります。

医学部や薬学部等のレアな出自の人もたまにいますが、だいたいヘルスケア領域を担当する部署に吸い込まれていくことが多いようです。これらは専攻を活かしたケースだといえるでしょう。

◎ 出身学部を気にせず、受けてみよう

総じて、コンサルティングを行っていく上では大体の場合において追加の知見獲得が重要であり、**出身学部による初期値の影響は大きくありません**。あまり気にせずコンサルティング業界に来ていただければと思います。

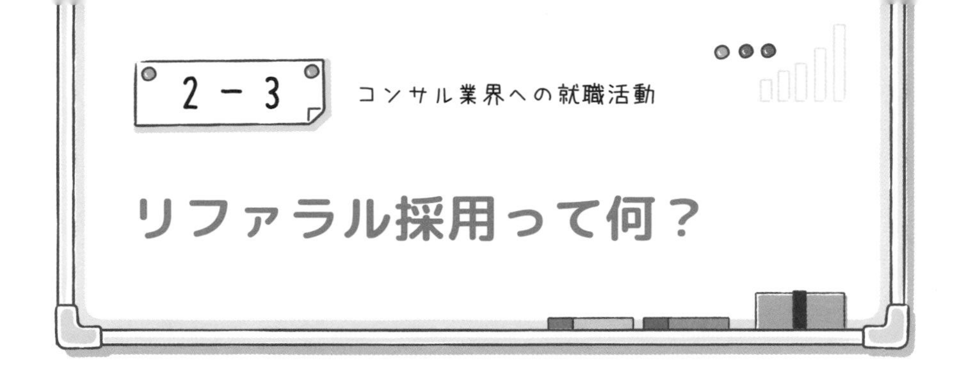

双方にとってメリットの大きい採用方法

リファラル採用とは、既存の社員が**自身の知人や友人を会社に紹介する採用方法**のことです。

◎ 採用コストを抑えられるのがメリット

通常の採用でエージェントを経由すると年収の数割（時には年収と同額程度）の報酬をエージェントに支払わなければならないため、リファラル採用は**企業側から見るとコストが抑えられかつ信用できる人材が雇用しやすい**、素晴らしい採用方法であるといえます。

コンサルファームでは有能な人材はどれだけいてもいいので、リファラル採用に向けた友人知人の紹介は推奨されており、採用に至った場合は**リファラル報酬が紹介した側に支払われるケースが多い**です。

◎ 人材の質と多様性の維持が課題

一方、紹介された人材が必ずしも優秀であるとは限らない点がリファラル採用の難しいところです。

前職で話を少ししたことがある程度で、一緒に仕事をしたことがない程度の関係から紹介して採用に至った場合、**いざ働いてみると能力がいまいちといったケース**があります。

リファラル採用により**社員の多様性が損なわれる**可能性もあります。つまり、同じ社員からの紹介によって、同じような人材が集まってしまうことがあるということです。

特にベンチャーファームでは、人望がある人が大量の人員を古巣のコンサルファームからリファラルした結果として一大勢力となり、カルチャーが古巣のものになってしまうといったこともあります。

ファームを移籍する際にパートナーが自分のチームの人間をごっそり引き抜いて移籍し訴えられたケースもあるので程度問題となりますが、コンサル界隈では人材流動性が比較的高く徐々にリファラルで引き抜いていくのは暗黙の了解として認められていることが多い印象です。

採用側もエージェントフィー（手数料）を抑えられるため、今後もリファラル採用は引き続き積極的に行われることが予想されます。

リファラルの失敗例

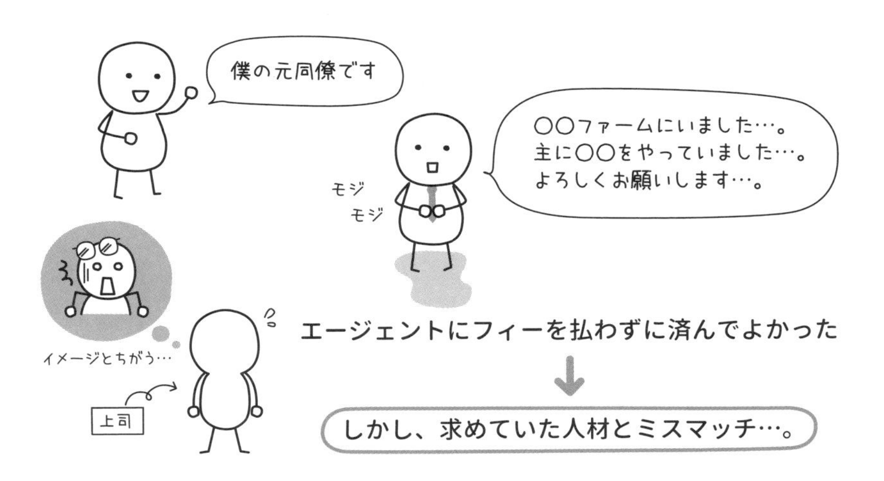

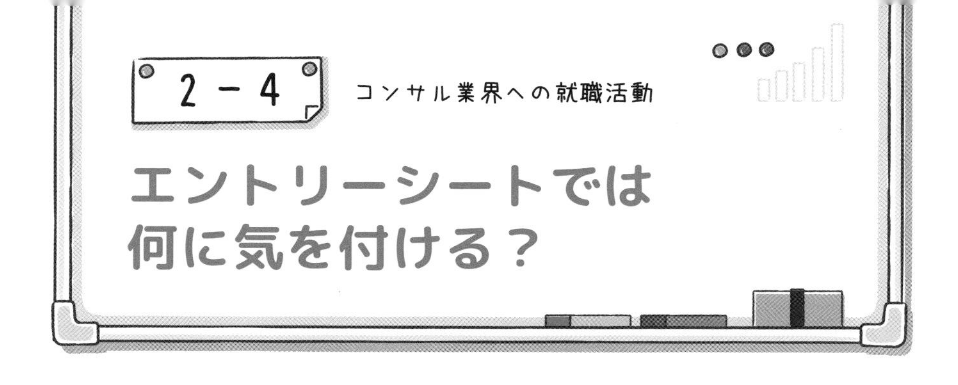

まずは採用の過程を見てみよう

コンサルティングの採用は、新卒も中途も概ね以下の順番で進みます。

❶ エントリーシートの提出（中途の場合は業務経歴書を含む）
❷ 現場の人間の面接（1～3回）
❸ パートナークラスの面接（1～2回）
❹ 人事との面接（1回、雇用条件の説明とすり合わせ）

この項では、最初の壁になるエントリーシートについて説明します。

◎ エントリーシートに論理的な矛盾はないか？

エントリーシートにおいて最も気をつけるべきは、**シート内の論理性**です。

エントリーシートは志望動機や自己PR等を記載するものですが、過去の経験や自己PRから希望しているコンサルファームへの志望動機がきちんとつながっている必要があります。

エントリーシートは概ね人事部が最初の選別に使うものですが、そこで論理性を表現できなければ書類選考の段階ではねられることは確実でしょう。

◎ なぜ、そのファームを希望しているかが重要

コンサルファームは比較的事業の内容が似ていますが、ファームを分析して**なぜそのファームを希望しているか**をまず記載する必要があります。

各コンサルファームのホームページや記事から、ファームそれぞれが自認している独自のビジョンや特徴を分析しましょう。それに自分の経験や経歴、志望する理由、今後やりたいこと等をつながるように書くことが重要です。

そもそもコンサルファーム間の事業内容にはそこまで大きな差はなく、経歴や志望動機がそのファームのビジョンに100%合致していることもかなり希少なケースです。

そして、それはコンサルファーム側も知っています。

エントリーシートで問われているのは**その事業内容の分析内容と自分の志望動機をつなげる論理性**であり、それはつまり志望者自身の論理的な構成力を見せてほしいということです。

HUNTER x HUNTERで言うところの「練を見せろ」に近い概念であるといえるでしょう。

◎ 中途採用は定量的に表現できる実績が大切

コンサルファーム間での転職は比較的簡単で、志望動機がよほど変でなければあまり問題視されません。コンサルファームに対する基礎的な理解が済んでいること、コンサルタントが転職することは珍しくないことがその理由です。

もっとも、論理性を欠いた内容であればコンサルタントとはいえエントリーシートの段階で容赦なく落とされます。基礎的なスキルがないものと認識されるからです。

また、中途の場合は業務経歴書を含むエントリーシートでこれまでの実績をアピールすることになりますが、読む側が理解しやすいようになるべく**定量的に表現する**ようにしましょう。

例えば、プロジェクトの成果によりクライアントの利益が10%アップ、自分の行った営業改革で自分の部署の売上高が5%改善などです。

逆に言えば、定量的に表現できる成果がない状態での転職はハンデを背負ってのものになると認識して差し支えないです。

将来の転職を見越した場合、**定量的に表現できる実績**を意識してつくっていく必要があることは覚えておいてください。

エントリーシートの書き方のコツ

エントリーシートで良く求められる3テーマについての書き方の方針です。

◎コンサルティング業界の志望理由の例

以下はChatGPTが5秒で作ってくれた例文ですが、これくらいの論理性は表現したいものです。

●コンサルティング業界の志望理由

POINT!!

なぜコンサルティング業界を志望するのか、業界のどこに魅力を感じているのかを記載する→自分の体験に根ざした実例を挙げる→再度志望理由を端的に述べて締める、が基本構成です

私はこれまでの職務やプロジェクトを通じて、ビジネスにおける戦略的な課題解決や組織の効率改善に携わってまいりました。その中で、コンサルティング業界が抱える複雑なビジネス課題に立ち向かい、クライアントに価値を提供する力に強く惹かれています。

特に、〇〇プロジェクトでは、業界の変革に対応するための新規事業戦略の策定と実行を担当しました。この経験から、激変する市場に適応する柔軟性と、データを駆使してリアルタイムな意思決定を行う能力がいかに重要かを実感しました。貴社では、このような戦略的な課題に対処することで、企業や組織に持続的な価値を提供できると確信しています。

貴社には、経営戦略、デジタルトランスフォーメーション、イノベーションに関する専門知識が豊富であり、これまでの経験を通して培ったスキルと共に、より高度な課題に挑戦できると確信しています。その一環として、私はデータ分析や技術トレンドにも強い興味を抱いており、コンサルティング業界でのキャリアを通じてこれらの分野での専門性を更に高めていきたいと考えています。

総じて、私は貴社でのキャリアを通じて、個々の経験やスキルを活かし、戦略的なビジョンを持ち、多様性を尊重する企業文化の中で成長し、クライアントや社会に対して価値を提供できるコンサルタントになりたいという強い意欲を抱いています。

●〇〇コンサルティングの志望理由

POINT!!

- **基本的な構成はコンサルティング業界の志望動機と同じで問題ありません**
- **業界よりも特定のコンサルティングファームのことを語る必要があるため、事前の調査が必要です。特にファーム側の認識とずれるとそこがツッコミどころとして残ります**
- **ファーム間にそこまで大きな違いがないのはファーム側も理解しているので、論理的な主張ができているか、ファームのことを理解しているかがポイントになります**
- **OB 訪問やインターンで話のネタを仕入れたり、所属している知り合いの人物の名前を出して一緒に働きたいと思った、などが手っ取り早い気がします**

貴社は、その幅広い業務範囲と多様な分野において先進的なソリューションを提供する姿勢が私の志望の理由です。私はこれまでの職務やプロジェクトを通じて、ビジネス変革において革新的なアプローチが求められることを実感しました。貴社はそのような革新性とビジョナリーなアプローチで、クライアントの最も複雑な課題に挑戦し、成果を上げてきたという点に魅力を感じています。

私のキャリアの中で培ったデジタルトランスフォーメーションや戦略策定の経験を通じて、貴社が提供するデジタル、テクノロジー、コンサルティングの融合したアプローチに強い共感を覚えました。貴社は先進技術の導入やデジタル化の推進を通じて、クライアントの競争力向上に貢献しており、私もその一翼を担いたいと考えています。

また、貴社が大切にしている多様性と包摂力の文化も私にとって重要です。私は異なるバックグラウンドを持つ仲間たちと協力し、共に成長することでより豊かなアイディアと解決策が生まれると信じています。貴社での経験を通じて、多様性を尊重し、協力しながらクライアントに対して最適なサービスを提供していきたいと考えています。

総じて、貴社の多岐にわたる業務範囲と、クライアントや社会への価値提供に対する使命感が私のキャリアの方向性と一致しています。貴社での経験を通じて、革新的で先進的なソリューションを提供し、ビジネスの未来に貢献したいという熱意をもっており、その一端を担うことができることを楽しみにしています。

●自己PR（何かやり遂げた経験等）

POINT!!

- 過去に直面した課題や難題を具体的に説明し、それをどのように克服したかを示す必要があります。そこから得た学びや成長についても触れましょう
- 自身の強み＋それを証明する実例や、他の候補者との差別化ポイントを挙げるのも有効です

私は前職でのプロジェクトマネージャーとして、大規模なソフトウェア実装プロジェクトに携わり、複数の課題に直面しました。その中でも特に印象的だったのは、プロジェクト進行中に発生した技術的な障害に対する対応です。プロジェクトの進捗に深刻な影響を及ぼす障害が発生した際、私はまず原因の追求と修復に専念しました。根本的な問題を特定するため、エンジニアリングチームと協力して根本からの解決策を模索しました。しかし、技術的な複雑さやプロジェクトの期限プレッシャーが相まって、迅速な解決が難しい状況でした。

この難題に対処するため、私はコミュニケーションの強化を重視しました。関係者との密な連携を図り、問題を理解しやすい形で報告しました。また、異なる専門性を持つメンバーと協力して、問題解決に当たりました。この過程で、私のリーダーシップと協調性が試されましたが、円滑なコミュニケーションと協力体制の構築に成功しました。

その結果、私たちは厳しい期限内に障害を解決し、プロジェクトを成功に導くことができました。この経験から、課題に直面した際には迅速な行動と柔軟なコミュニケーションが不可欠であることを学びました。また、リーダーシップと協力力は個々の能力だけでなく、チーム全体のパフォーマンスにも直結することを実感しました。

これらの経験を通じて、私は問題解決においてリーダーシップを発揮し、柔軟かつ効果的なコミュニケーションを実現できることを証明しています。他の候補者との差別化ポイントとして、危機への対応力とチームをまとめるリーダーシップが挙げられます。これらの経験から得た学びを活かし、新しい環境でのチャレンジに積極的に取り組みたいと考えています。

2－5 コンサル業界への就職活動

フェルミ推定とケース面接はどう対応する？

コンサルファームの面接では、有名なフェルミ推定とケース面接が出題されることが多いです。

フェルミ推定とは？

フェルミ推定とは**実際に調査することが難しい量を論理的に推計すること**で、例えば以下のような問題が出ます。

「日本の電柱の数は何本ですか」

「日本のクレジットカードの数は何枚ですか」

などです。

これらをどのようにすれば推測できるか、仮定を置いて推測した場合どれくらいになるか、ということを答えるテストですが、具体的な問題集や考え方はすでに様々な書籍や情報があるのでそちらに任せるものとします。

最近はフェルミ推定が一般化して皆が対策を行うようになったため、出題しないコンサルファームも出てきているという話も聞きます。

しかし、実際のプロジェクトにおいてはこのような推計をよく用いるため、未だによく面接で使用されています。

ここで注意する点としては、フェルミ推定では数字の確からしさも重要ですが、それ以上に**どのように要素を分解して推計するか、論理的な思考力を重点的に確認している**ということです。

数字の確からしさにあまりビビらず、自分で考えて論理的に回答をしましょう。

◎ 日本の電柱の数を求める

日本の電柱の数を求める考え方は色々ありますが、例えば日本の国土面積×平地の比率×電柱1本あたりの担当面積で推計できます。

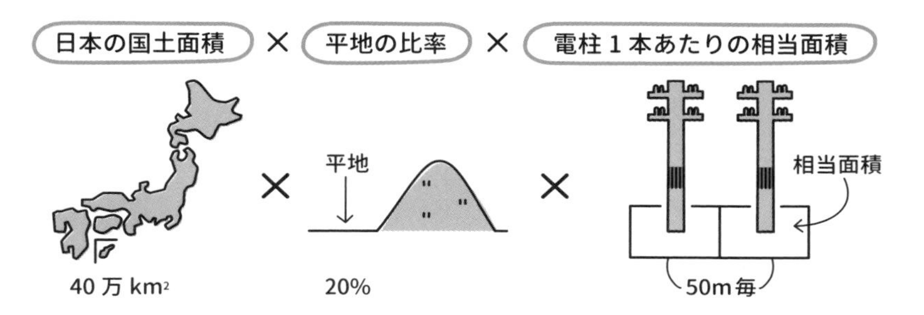

日本の国土面積はざっくり40万km2、平地の面積は約2割と仮定してみます（日本は山が多いので）。

電柱1本あたりの担当面積は不明だけど、小学校の時にカバン持ち（じゃんけんで負けた人が、次の電柱までかばんを全部持つ遊び）をやった時の感覚から、電柱が50mごとにある（2,500m2に1本立っている）とすれば、以下のように求めることができます。

400,000km^2×20%×（1本／2,500m^2）=3,200万本

有人地帯と無人地帯や、平地と山岳部あたりに国土を分割してそれぞれの電柱の1本あたりの担当面積（山岳部や無人地域は大きな送電塔が代替しており、担当面積が広いはず）を考えていけばより詳細化できますが、個人的にはシンプルなロジックが好みです。

ちなみに、実際は約3,600万本らしいです。

余談ですが、38歳でA.T.カーニーの日本法人代表になった関灘さんには、面接でこの質問をされて「本気でお知りになりたいですか？　だったら私、日本の南から1本ずつ数えますよ！」と答えて面接を通過したという逸話があったりします。

◎ 世界のクレジットカードの枚数を求める

世界のクレジットカードの枚数を求めるには、いろいろな考え方がありますが、例えば世界の人口×クレジットカードが使用できる国に住む人の比率×クレジットカードが保有できる比率×1人あたりのクレジットカード枚数で推計できます。

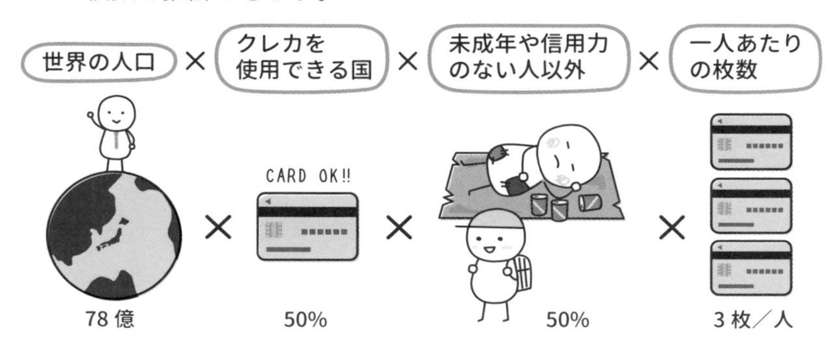

世界の人口は約78億人です。クレジットカードが使用できる国に住む比率は、先進国人口が約12億人なのでそれに中国及び途上国の一部が加わると仮定して、世界の約50%の地域で使用できると仮定しましょう。

さらに、クレジットカードは未成年や信用力のない人は保有できないので、約50%がふるい落とされると仮定します。

また、1人当たりのクレジットカード保有数ですが、私は3枚持っているので仮に3枚としましょう。すると、以下のように求められます。

78億人×50%×50%×3枚／人　=　59億枚

こちらも主要国やGDP帯ごとに計算するなどセグメントを分けることで、より詳細化することが可能です。

ちなみに、世界のクレジットカード枚数は米調査会社のニルソン・リポートによると国際ブランドだけで151億枚で、中国銀聯カードがシェアの約6割を占めるそうです。

中国のポテンシャルを甘く見た結果推計の桁がずれているので、もう少し詳細化が必要だったかもしれませんね。

ケース面接とは？

ケース面接とは、**何らかの課題を与えられてそれに対する解決策を提示すること**です。

実際のプロジェクトに近い課題が提示されるケースもあり、「クライアントの売上を倍にするためにはどのような打ち手が必要か」「日本は働き方改革を推進し、労働時間をもっと減らすべきか」といった出題が行われます。

ケース問題の例題や解き方も様々な書籍や情報が出ていますが、面接官がチェックしているのは主に以下の項目です。

◎ 1. 論理的思考力

問題の構造を分析し、それを解決するためのプロセスを明確にすることが求められます。不足している部分は仮定を行いながら、課題を解決するための方法ごとにメリット・デメリットを整理するといった対応が有効です。

◎ 2. コミュニケーション能力

ケース面接では論理的な思考力だけでなく、**コミュニケーション能力**もチェックしています（これはフェルミ推定でもそうですが）。

コンサルティングのプロジェクトにおいてはクライアントとのコミュニケーションが重視されるため、相手の話の意図を理解しているか、自分の考えを明確に伝えることができるかといったコミュニケーションの能力が高い水準で求められます。

総じて、論理的な思考力とコミュニケーション能力を見るためにこれらのテストを面接で行っているといえます。

両方とも素質があれば問題ありませんが、ある程度考え方の型は決まっている部分もあるので、事前の知識の収集や練習によって**テストに慣れることが可能です**。

不安であれば、事前に本を読むなり友人と練習するなりして挑むのが良いでしょう。

◎ ケース面接のやり取りのイメージ

フェルミ推定は他のページでやっているので、ここでは政策や施策に対する主張を聞く、というパターンのケース面接のイメージを記載しています。

今日は「日本は働き方改革を推進し労働時間をもっと減らすべきか」というテーマについて、ご意見を伺えますか。

よろしくお願いします。私は、日本が現状より働き方改革を推進し、労働時間をさらに減らすべきだと考えています。労働時間の短縮は、労働者の働きやすさや生活の質を向上させるために重要だと思います。

なるほど。労働時間の短縮が従業員の働きやすさにどのように影響すると考えていますか？

まず、労働時間の短縮はワークライフバランスの向上につながります。適切な労働時間に収めることで、労働者は家庭や趣味、自己成長に時間を割り当てやすくなります。これがストレス軽減やメンタルヘルスの向上、あるいは労働の生産性に寄与すると考えています。

なるほど、ワークライフバランスが向上することが重要ですね。しかし、労働時間が短縮されることで、企業の総生産量が悪化する可能性もあると思います。それに対してどのようにお考えですか？

そうですね…確かにそういう面もあるかと思いますが、生産性を改善することで労働時間の短縮と総生産量の向上は両立しうると考えています。具体的な施策としては、フレックスタイムやテレワークの導入、仕事の効率化を図る業務改善やDXなどが挙げられます。ただし、課題として文化や習慣の変革が難しいという可能性もあります。長時間労働が一般的だと考える企業文化を変えるのは容易ではありませんが、それでも徐々に変革を進めていくべきだと考えています。

なるほど、具体的な施策と課題についてのご意見、ありがとうございます。最後に、逆の立場から主張をしてみていただけますか。

逆の立場というと、労働時間を減らすべきではないという方向ですね…その場合、国際競争力が低下するリスクがあるため労働時間を削減する取り組みはこれ以上推奨すべきではないと考えます。国際的にみても日本の労働時間は決して長すぎるわけではありません。国際競争力が徐々に落ちているとされる中で、労働時間を限定しすぎることでそれを加速させてしまうことは日本の国力低下につながりかねません。

反対側からの主張も興味深いですね、ありがとうございます。本日はお疲れ様でした。

2
章

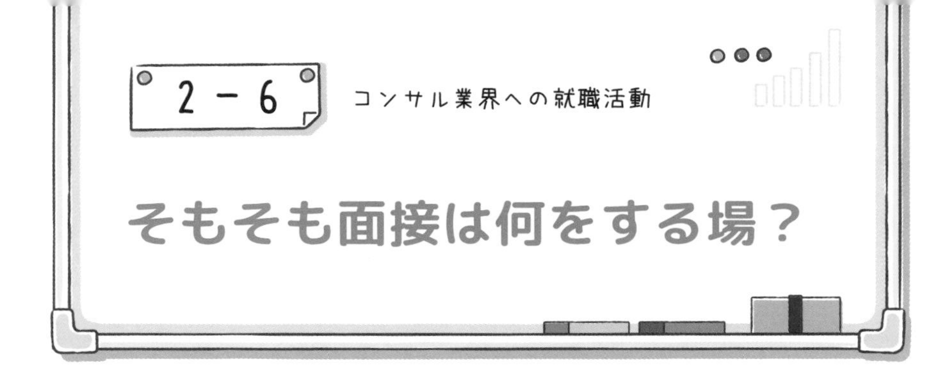

そもそも面接は何をする場？

コンサルファームの面接では、一般に現場をコントロールするマネージャークラス以上が面接官として参加します。

また、マネージャー面接の後にパートナー面接といったように、通常は複数回の面接が行われます。この面接は、コンサルファーム側にとっては**求職者の能力と相性を確かめる場**です。

これらはスキルとカルチャーフィットを見る、と表現することもあります。また、コンサルファームの現状やカルチャーを求職者に伝え、**ミスマッチを防ぐ**ことも目的の一つです。具体的には以下のような観点から面接を行っています。

◎ 1. 能力や経験を評価する

コンサルファームの面接では、**求職者の能力や経験を評価**することが求められます。

具体的には、過去の業務経験やプロジェクト実績、スキルや知識、コミュニケーション能力などが評価されます。

また、ケース面接などの課題解決能力を評価する場合もあります。

◎ 2. 適性や人物像を把握する

能力に加え、**求職者の適性や人物像を把握することを目的**としています。具体的には、求職者の志向や価値観、コミュニケーション能力、チームワークに対する考え方などが評価されます。

また、ファームの文化やビジョンに合致するかどうかも重要な評価項目です。現場の人間との面接では一緒に仕事をすることができそうか、パートナーとの面接では部下として自分のチームに入れても問題ないかという観点から見られています。

◎ 3. 企業の情報を提供する

求職者に**ファームの情報を提供する**ことも面接の重要な目的の１つです。

具体的には、企業のビジョンやミッション、業務内容やプロジェクト実績、社風や文化、評価システムや目標設定などが説明されます。

また、求職者が抱える疑問や不安を解消するべく、求職者の質問に答えることも目的としています。

以上のように、コンサルファームの面接は、求職者と企業の双方にとって非常に重要な場です。

求職者は、自分の能力や経験をアピールし、企業とのマッチングを図るために、面接に臨むことが求められます。

一方、企業側は求職者の能力や経験、適性や人物像を評価し、自社に適した人材を採用するとともに、**求職者が自社にマッチし長期間いてくれるかという点**を気にしています。

面接でココを見られている

2－7 コンサル業界への就職活動

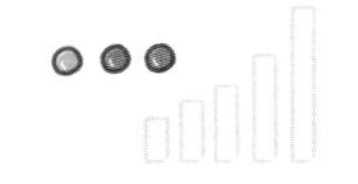

どのインダストリーが人気？

インダストリーとソリューションって何？

　コンサルファームの部署は一般に**インダストリー**と**ソリューション**の軸（組織）に大きく分けられます。

　インダストリーは自動車等製造、消費材、エネルギー、化学、医薬、金融・保険等の**業界軸**のことです。ソリューションは、事業再生や人事戦略、DX等の**サービス軸**を指します。

　基本的に人気のある分野は仕事が多くてその分野の専門組織ができる、という流れで各組織が作られています。逆に言えば、組織がある時点で結構人気がある分野だと言えます。

　基本的にインダストリーとして認識されて部署ができている段階で、ある程度人気と需要があります。ただ、その中でもいくつか特に人気が高いインダストリーがあったりします。

◎公共セクター

　中央省庁や地方公共団体等を対象顧客とする公共セクターは独特の人気があります。国の政策に関われる可能性があり、**社会問題を直接解決できる**という理由で志望者が多いインダストリーです。

　一方このインダストリーの収益性は低い傾向があるため、大量の人員を抱えていることは稀で、なかなかの狭き門となっています。

　提供するプロジェクトは、公共分野の場合フォーマットや進め方等のお作法が独特で専門性が高いジャンルです。逆説的には他のインダストリーへの移行がしづらいという欠点にもなります。

　似たようなジャンルで、電力やガス、鉄道といったインフラ・エネルギー系の部署も社会問題に興味関心がある人に人気があります。

◎ IT関連

IT関連のインダストリーも比較的人気があります。

特に、人工知能やビッグデータ、クラウドコンピューティングなどの**最先端の技術分野をビジネスにつなげるプロジェクト**があるため、意外と人気となっています。

また、システム系との連携もしやすく、プロジェクトの規模を拡大しやすい点も特徴の１つです。

◎ ヘルスケア関連

製薬業界や医療業界、最近では福祉介護業界をクライアントとするヘルスケア関連のインダストリーも人気があります。

高齢化が進む現代社会では、**医療や介護などの分野の重要性が増している**ことが背景にあります。

業界知見の専門性が高いため、ヘルスケア業界出身のコンサルタントが多く見受けられます。元MRや元研究者といった経歴のコンサルタントも数多くいます。

◎ 製造業

製造業も一定の人気があるインダストリーです。

対象とするクライアントが多く、**食いっぱぐれが少ないこと**が理由であると見ています。

余談ですが、筆者も製造業を中心とした専門性を持つコンサルタントの一人です。

クライアントの技術への理解が必要になるケースがあるため、**理系大学や大学院出身が重宝されるインダストリー**でもあります。

◎ 興味のあることを仕事にする方が楽しい

以上のように、公共、インフラ・エネルギー、IT、ヘルスケア、製造業といったインダストリーが比較的人気です。

しかし、これらのインダストリーが必ずしも個人にとって最適な選択肢であるとは限りません。

コンサルタントは、自分自身のスキルや興味、将来のキャリアなどを考慮して、自分に合ったインダストリーを選択する必要があります。

特に、コンサルタントであり続ける限りインプットを続けることになるので、人気があるからといって適性や興味がないインダストリーを選ぶと仕事自体が苦痛になる可能性があります。

インダストリーを選ぶ際は**自分の適性や興味を最優先する**ことをおすすめします。

人気のインダストリー

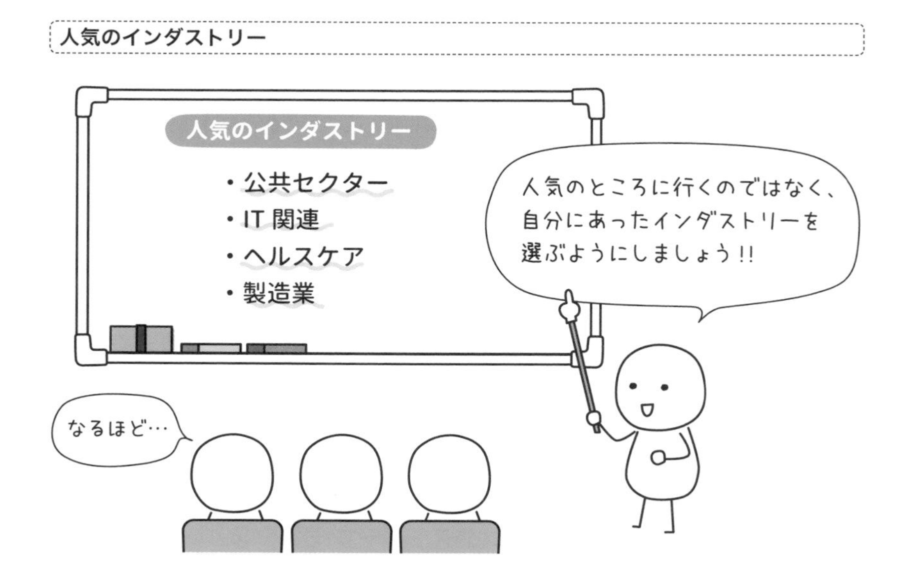

希望のプロジェクトにアサイン（任命）されるには？

希望したアサインを満たすことは難しい

コンサルティングは営利事業であり、プロジェクトに入っていない人員は損失を生む存在です。そのため、とにかく**受注したプロジェクトにアサイン（任命）することが経営上の最優先事項**となります。

複数のプロジェクトを同時に受注した場合、どちらか選べる可能性があるという程度のイメージでいた方が無難です。アサインする側もなるべく希望に沿う形にしたいとは思っていますが、営利事業である以上、希望に添えないこともあります。

一方、自分がどんなプロジェクトにアサインされたいかは**周囲に明確に伝えておくことが大事です**。似たようなプロジェクトが発生する等、何かあったときに声がかかりやすくなりますし、適性が認められれば優先的に配置してもらえる可能性もあります。

広く周囲に伝えておくことで、チャンスは巡ってきやすくなるものです。自分の希望を満たすべく社内営業にいそしむとともに、アサインされたプロジェクトで成果を出して評判を高めましょう。

もし、自分の希望を完璧に満たすプロジェクトに入りたいのであれば、**自分でプロジェクトを受注するのが最も手っ取り早い**です。

クライアントへの接点を作り、提案書を自分で書き、受注すれば誰も文句をつけられません。概ねマネージャーまで行けばそういう機会も来ます。

スタッフクラスでも、理解してくれるパートナーを見つけられればプロジェクトを組成することが可能です。「**ねだるな、勝ち取れ、さすれば与えられん**」ですね。人生だいたいそんな感じです。

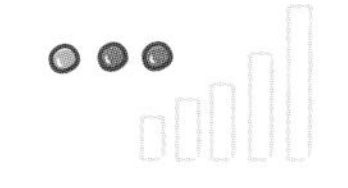

コンサル業界内で就職先を選ぶ基準は何？

やりたいことを最優先、次に知名度・規模

興味がない仕事に従事することはつらいものですし、コンサルティングを提供する場合はなおさらです。まずは**やりたいことを最優先に**決めましょう。

その上でもし迷ったら、コンサルファームとして**知名度が高く、規模が大きい方を優先**しましょう。

コンサルファームを選ぶ基準はいくつもあります。

例えば企業の知名度や規模、業務内容や専門分野、社風や企業文化、給与や福利厚生などが基準としては考えられます。その中で最も優先すべきなのは、**知名度と企業としての規模**です。

知名度はコンサルファームから転職する際に最も有効です。これは他のコンサルファームに転職する場合でも、事業会社に転職する場合でも同様です。

いわゆるMBB（マッキンゼー、BCG、ボスコン）やDEKAPAI（デロイトトーマツ、EY、KPMG、アクセンチュア、PwC、アビーム、IBM）といったコンサルファームは知名度が高く、説明しなくても企業として認知されブランド力があります。

当然、それらの企業のプロジェクトの難易度もブランド力に相関して高く、貴重な経験を積みやすくなります。

企業の規模に関しては、福利厚生や研修制度に大きく影響を与えるほか、社内転職のしやすさにも有効です。プロジェクトと人材の豊富さによって、特定の部署で行き詰まっても再起の機会が得やすく、自分の希望するプロジェクトが発生する可能性が上がります。

社風や企業文化も考慮すべき要素

外から見ると、コンサルファームの社風や企業文化の差はわかりません。業界内から見るとかなりの差があり、激務を当然とするファームや、アウトプットの厳格さに定評があるファームなどさまざまです。

社風や企業文化があとから変わることはなく、個人の力で変えることも難しいため、面接時の質問等でなるべく事前に把握するようにしましょう。

給与や福利厚生に関しては、そこまで重視する必要はありません。コンサルティング業界ではだいたい似たような事業内容のファームは似たような水準に落ち着くためです。

人材の流動性が高いため、どこか待遇がいい企業が出ると人材がそこに集中します。それを防ぐために、基本的に横並びになるという市場原理が働きます。

繰り返しになりますが、**やりたいことができるかを優先**し、その中で**迷ったら知名度が高く規模が大きいファームを優先**して入社しましょう。

この業界では頭数で売上が概ね決まり、規模が大きいほど稼働を平準化できるため、規模が正義なのです。

就職先の選び方

❶ やりたい事最優先 !!

→興味のないことをコンサルティングするのはつらい

もし迷ったら

❷ 知名度と企業の規模

→社内異動や転職に有利 !!

❸ 社風や企業文化

→企業文化を変えるのは大変 !!
合うところに行く方が良い

2-10 コンサル業界への就職活動

未経験からコンサルへの転職時の注意点は？

未経験からの転職なら下のランクから始める

コンサル未経験者がコンサルに転職するときは、年収の維持や上昇にあまりこだわりすぎず、**なるべく下のランクから入ることをおすすめします**。

コンサルティングの経験がない場合、仕事のスピード感や慣習に馴染むまで、ある程度経験を実地で積んでいく必要があります。

例えば、年齢と経歴から適当という理由でマネージャーからスタートしてしまうと、知識はあっても経験の少なさから、心もとない状態でスタッフ層をまとめつつプロジェクトを遂行する形になり、進行に支障をきたすケースがよく見られます。

コンサルファーム側も仕事が十分できれば、クライアントへのチャージ単価を増やすために昇進させたいという事情があるため、ランクを落として入ったとしても社内外の評判が良ければ、すぐに昇進することが可能です。

せっかく、コンサルファームに入社したのに最初のプロジェクトで責任が重い立場でボコボコにされて調子を崩すよりも、指導を受ける立場で学んでいく方が、結果的にその後が良くなるものです。

◎ 他の業種からの転職者は付加価値を付けやすい

例えば、業界の人脈や内部にいたことで身についた肌感覚などが付加価値の源泉になります。未経験でコンサルティングスキルは劣るが、業界知見によって**付加価値をプロジェクトに提示できる**という立場から始めて、コンサルティングスキルをキャッチアップしていきましょう。

2－11 コンサル業界への就職活動

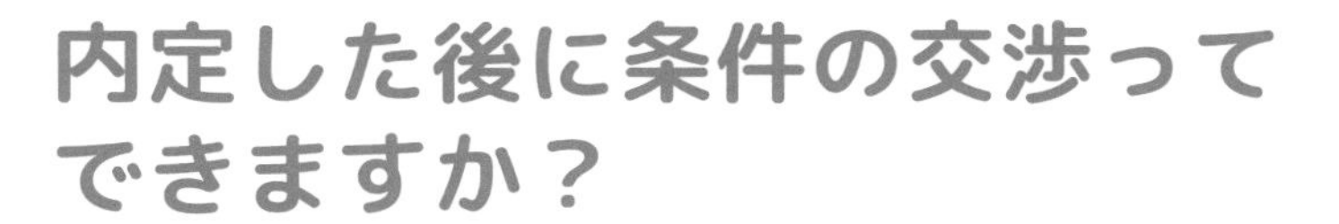

内定した後に条件の交渉ってできますか？

新卒の場合はそもそもその機会がないと思うので、ここでは**中途での転職を前提**として話します。

コンサルはポジションごとで年棒が決まる世界

内定が出た後に雇用条件を交渉する機会はあるにはありますが、その際に**年収を上げる交渉を行うことは結構難しい**です。

コンサルファームでは基本的に**役割＝ポジションごとに年棒が決まっており**、年収を上げる＝昇進するということだからです。

内定が出る＝ある特定のポジションでやっていける能力を認められたということですが、さらにその上のポジションとして入る許可が出るのであれば、最初からそのポジションでのオファーが来ているはずです。よって、先方から内定時に年収がアップするポジションを提示されたならともかく、**一度ポジションをオファーされてその後に条件交渉を行う展開は厳しいでしょう**。

◎ サインオンボーナスってなに？

年棒以外に交渉可能な要素としては、**サインオンボーナス**（入社時ボーナス）があります。日系企業だと**入社祝い金**等の名称で支給されるファームもあります。外資系企業やコンサルの場合、入社時にボーナスを出すことがあり、それは年棒とはさほど関係がない一時的な支給金なので交渉の余地があります。

例えば転職のタイミングによっては以前所属していた会社のボーナスが支給されないため、それを補うためにボーナスをもらいたいという交渉であれば結構通る印象です。

◎ ストックオプションは柔軟に対応できない

また、一部の新興コンサルではファームが一定額でファームの株式を購入する権利を与える**ストックオプション**があります。

ストックオプションは大概運用ルールに沿って与えられているため、交渉でその額を決めることは難しいといえます。

◎ 金銭面以外では、入社時期の交渉が最も熾烈！

有給休暇を使い切ってから転職したい、あるいは追加である程度休暇を取りたいという理由で**入社時期を遅らせる交渉**を行う人は多いです。

数ヶ月まとめて休暇を取ることは転職する時以外では難しいため、長期の旅行に出たりスキルアップしたりといった目的がある場合は入社までの合間に無職の期間を設けても良いと思います。

もっとも、企業側は早く入社して働いてほしいため、そこはまさに熾烈な交渉が行われる部分だと言えます。

直接自分で交渉することもできますが、転職時にエージェントを使っている場合、**エージェントに希望条件を伝えて初期的な交渉を任せることもできます**。

年棒に関しては高く売り込むほど転職エージェント側の収入も増えるため、張り切って交渉してくれます。活用可能であれば検討してみましょう。

内定後の交渉

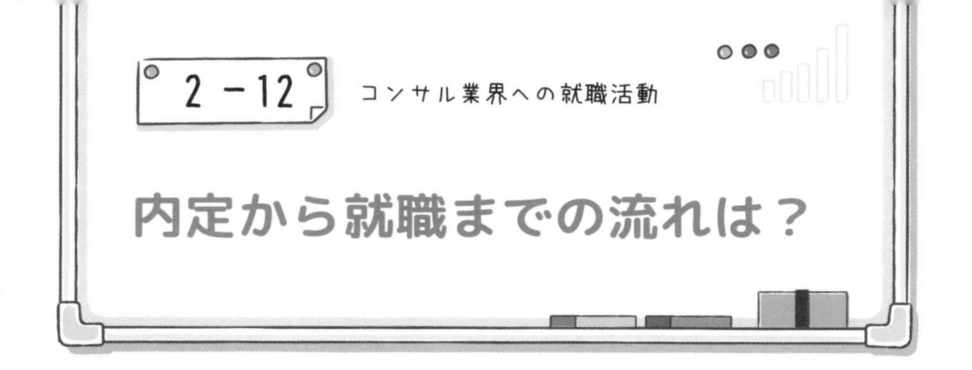

内定から就職までの流れは？

中途採用の内定から就職までの流れ

◎ 内定の通知が出る

内定通知をメールの添付ファイルの形で連絡されることが増えました。この時点で、内定通知書に雇用の基本的な条件が書き込まれている場合もあります。

◎ 人事からの条件説明が行われる

労働条件通知書が提示され、その説明を含めたミーティングが設定されることが多いです。この段階でまとめて入社日を調整することもあります。

◎ 現在の雇用先と退職時期を相談・決定する（退職時期を決めていない場合）

退職を伝えてない場合、この段階で退職意向を伝え退職日とそれまでの引継ぎプラン、残った有給の取得計画を調整することになります。

◎ 内定可否の連絡を入れる

内定が出てからおおよそ1週間以内に返事を求められるのが一般的です。複数の企業を受けている場合、内定が出る時期がずれると先に内定が出た企業の返答期限に引っかかることがあるため、なるべくタイミングを合わせて内定がもらえるようにうまく調整しましょう。

返答するタイミングを遅らせる交渉もできなくはないですが、先方の都合もあるためこちらの希望が通らないケースも当然あります。

◎ 入社日を決定する

入社日を人事との面談時に決めることもありますが、現職との退職交渉を行った後に連絡する場合はこのタイミングになります。

◎ 雇用契約にサインする

内定承諾段階で雇用契約を締結したと認識する企業も稀にありますが、一般的には**雇用契約書**がオンラインで送られてきてサインするか、郵送で送られてきてサイン後返送するという形を取ります。

その雇用契約書に基づいて労働することになるため、サインする時はしっかりと読みましょう。

◎ 現在の雇用先の退職手続きを実施する

退職する会社の所定の退職手続きを行ないます。

業務の引継ぎや貸与品・保険証の返却、離職票や源泉徴収票の発行・年金手帳などの返却が行われるので、**次の会社へ渡す書類の入手**を含めてチェックリストを作成して確実に手続きを進めましょう。

転職エージェントを使っている場合、一般的なチェックリストを保有していることが多いためもらうと便利です。

また、**確定拠出年金の移管**は手続きが煩雑なうえに一定期間内に行わないと不利益が生じる可能性があるため、要注意事項です。

◎ 入社日に出社する

入社日が初めての出社日となることが多いですが、企業によっては事前に書類提出に行くことや、健康診断の受診が必要となる場合もあります。

中途採用の内定から就職までの流れ

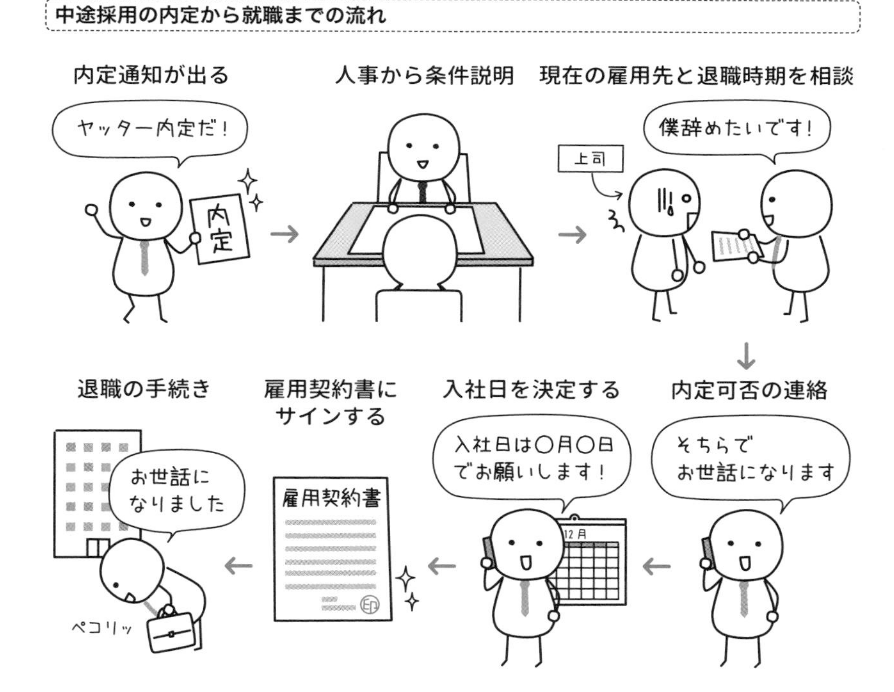

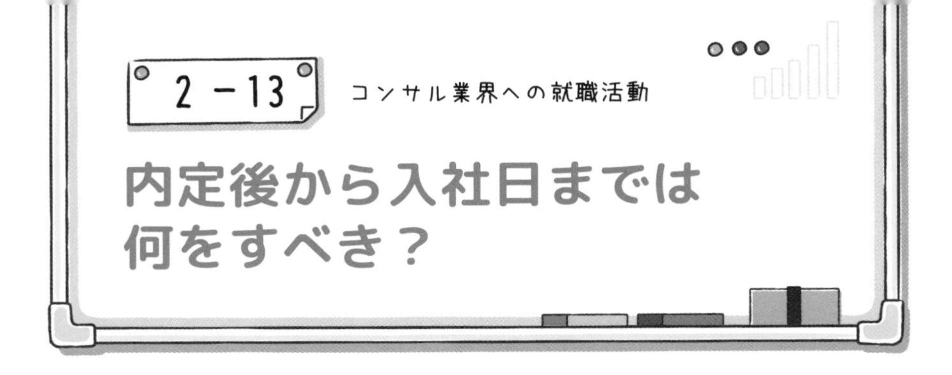

内定後から入社日までは何をすべき？

とにかく休むべし、遊ぶべし

個人的なオススメとしては、まず思い切り羽を伸ばすべきだと思っています。

特に入社後に１週間程度の休みは取れますが、１ヶ月連続の休暇を取得することは困難なので、それを活かした長期の旅行や腰を据えて取り組む趣味へ時間を投入すると人生が充実すると思います。

よく来る質問に「**入社までにどんな準備をすべきか**」というものがありますが、入社までの期間でやってものになるスキルは意外と少なく、１ヶ月程度やった程度で即実戦投入というのは難しいです。

やらないよりはやっておいた方が良いのですが、逆にその程度で身につくスキルであれば入社後にやっても十分です。

それならばいっそ思い残すことがないように思い切り遊んだ方が良い気がしています。入社したら嫌でもスキルを身につけざるを得ないですから。

生活基盤を整えるのも一手

休む・遊ぶ以外では、**生活基盤を整える**のがおすすめです。

３章でも書いていますが、家事を自動化する、利便性が高いエリアに引っ越す等、仕事以外の体力を省ける状態にしておくと、仕事に入った後にそのありがたみが実感しやすいでしょう。

また、服装や身の回りのものを新調して準備する、リモートワークの労働環境を整える、等も同様の理由でオススメです。住環境を整えるのにちょうどいい期間だと思います。

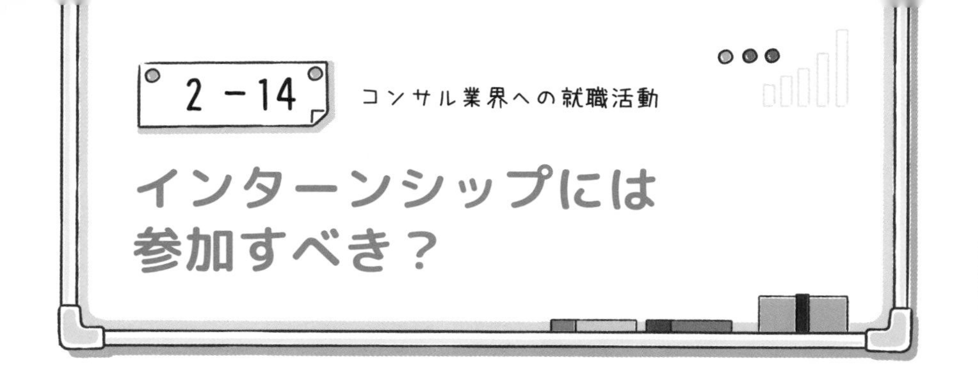

インターンシップには参加すべき？

インターンシップには間違いなく参加すべきです。

よく「インターンシップは選考とは関係ありません」というフレーズを聞くかと思いますが、あれは当然ながら建前です。

コンサルファームは各社インターンシップに力を入れており、結構な工数が投入されています。それだけのコストをかけてなぜインターンシップを行うのかということを考えれば、選考と関係ないわけがないということは自明でしょう。

インターンシップには短期インターンシップと呼ばれる1day～1weekのもの、長期インターンシップと呼ばれる数ヶ月のものがあります（1～数ヶ月程度のインターンシップをどちらに分類するのかはファームによります）。

長期インターンシップは成長目的

一般に**長期インターンシップは内定者がバイトとして行う**ことが多く、その目的はファーム及びコンサルとしての仕事に慣れてもらうと同時に**内定者を囲い込む**ことにあります。

学業との兼ね合いになりますが、参加することで入社前から経験が積めるため入社後の成長速度を上げる効果が見込めます。

短期インターンシップは概ね選考過程の一環

短期インターンシップは参加したから内定が確定するというものではなく、むしろ**時間をかけて資質が吟味される**ので諸刃の剣といった趣があります。短期インターンシップでダメだと判断された場合、おそらく本選考でも通らない可能性が高いでしょう。

一方、短期インターンシップで活躍できそうだと判断された場合、ファームによりますが即内定だったり本選考での優遇措置があったりといった特典が得られます。

職場環境を知って就職後のミスマッチを防ぐという観点から考えても、インターンシップにはなるべく参加することがオススメです。

◎ インターシップに落ちても、本選考で採用されることも

余談ですが、インターンシップの方が大量の学生が参加するため、本選考より倍率が高いことも多々あります。

そのため、インターンシップへの参加試験に合格できなかったからといって、必ずしも本選考に通らないわけではありません。

インターンシップに参加するに越したことはありませんが、**落ちたからといって気落ちしなくても大丈夫**です。

インターンの募集先

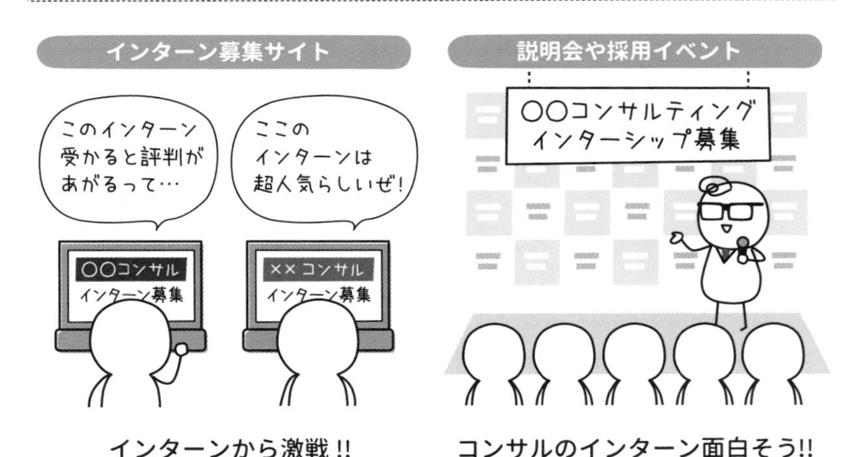

インターンから激戦!!　　コンサルのインターン面白そう!!

2-15 コンサル業界への就職活動

入社したら最初に何をする？

コンサルファームに入社したあと、特に入社後すぐにやるべきことは結構色々あります。入社した後の心構えのために、少しだけどんなことをやるかを説明しておきます。

まずオリエンテーションが設定される

ファームの文化や価値観を理解し、同僚や上司とのコミュニケーションを深めるために、**初日にオリエンテーションをセット**するファームが大半です。

◎ 入社に関する書類提出と事務手続き

さらに**並行して必要な書類の提出と事務手続き**が行われます。

入社に関連する書類やフォームの提出、社会保険の手続きなど、事務手続きをマニュアルに従って行います。

◎ ビジネスツールの受領

次に行われるのは、PCやスマートフォン、ビジネスツールの受領です。

大概は時間を短縮するために各種ソフトウェア等がインストール済みのツールが渡されますが、稀に自分でキッティング（初期設定）を行うファームもあります。

社内のネットワークへのアクセスやメールアカウントの設定も含め、ビジネスをすぐに開始するための環境を作ることになります。名刺などもこのタイミングで渡されます。

チームに案内、そしてミーティング

その後は**チームのボスやメンバーとのミーティング**がセットされることが多いです。

相互に保有スキルや期待値についての情報を交換するとともに、人となりを確認する大事な場です。

円滑なチームワークを築くためにも、**第一印象を良くする**ように心がけましょう。

また、アサインされるプロジェクトが決まっている場合はこの段階で**アサインに関する話**が行われるでしょう。

これらのステップは概ねどのファームに行っても共通なので、何度か転職すると次に何をやるべきかがわかるようになったりします。

新しく入ったメンバーがスムーズにオンボーディング（新入社員を有用な人材に育成する施策を行なうこと）して即戦力になってくれるようにどのファームも工夫しているので、基本的にはファーム側の指示に従っているだけで当面は大丈夫です。

こうした新入社員の手続きや扱いに関しては、人材が流動的で転職が多い業界のためファーム側も慣れており、あまり心配する必要はありません。

3章

コンサルの社内事情と生活を覗いてみよう！

首尾よくコンサル業界の内定をゲットした場合、働く土台としての会社員生活や人生設計がどうなるかということが気になると思います。どんな服装で勤務すべきか、どんな生活になるのかといった素朴な疑問に本章ではお答えします。

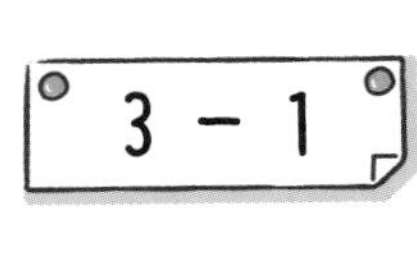

コンサルの社内事情と
生活を覗いてみよう！

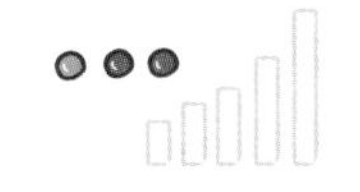

コンサルの服装と身だしなみ

スタッフ期間は無難な服装を選びましょう

コンサルタントとして自分の顔で仕事を受注できているならば好きにすればいいですが、少なくともマネージャーになるまでの期間は上司が受注したプロジェクトを遂行することになります。

最終的に責任を取れるポジションならばともかく、自分で責任が取れないプロジェクトを遂行する側であればなるべく無難で**ツッコミどころが少ない恰好**をしましょう。

スーツは、黒や紺色のダークカラーの**ビジネススーツが無難**です。グレーのスーツも許容範囲ですが、明るすぎる色や柄物のスーツは避けるべきです。無地の地味なものにしましょう。デザインも凝ったものではなく、シングルの普通のスーツで良いです。

若手の頃は安価な吊るしのものでもいいですが（最近はユニクロの感動パンツを推しています）、ある程度ランクが上がったらセミオーダーやフルオーダーでフォルムを自分に合わせましょう。**スーツはフィット感とシルエットが重要**です。

同様に、シャツも無地の無難なものから始めましょう。白か青が基本です。

靴は黒や茶色のビジネスシューズ（革靴）を選ぶことが望ましいです。また、靴下は、スーツの色に合わせた黒や紺色のものを選びましょう。

最後に、**基本的に服装はクライアントに合わせましょう**。

クライアントがフォーマルならフォーマルに、カジュアルなら若干カジュアル寄りにするのが無難です。クールビズ等の慣行も、全てクライアントに合わせましょう。なんといっても客商売ですから。

3－2　コンサルの社内事情と生活を覗いてみよう！

コンサルの鞄事情。ビジネスリュックは可？

ビジネスリュックは使っても大丈夫！

使っても大丈夫です。服装のところで語ったように無難な恰好をオススメしていますが、近年は**ビジネスリュックも一般化**して十分無難の範疇に入ってきたという認識です。

ビジネスリュックも色々あり、黒や茶色などの落ち着いた色のものを選ぶことが望ましいです。素材についてはレザーが無難ですが、合皮や化学繊維もそこまで問題視されないと思います。

実用的なことをいえば、PCを持ち歩く前提でビジネスリュックを選びましょう。

最近は、ミーティング時に大量の紙資料を持ち歩くケースは稀になり、紙資料を大量に入れられるかは考慮しなくても大丈夫です。紙資料を運ぶ場合も、無地の使い捨てバッグが印刷機のそばに配置されているファームが多く、そちらを使うことが多いでしょう。

個人的なおすすめですが、通常の出勤だけでなく**一泊の出張等でもそのまま使用できると便利**なので、**そこそこの容量がある鞄**を選ぶと良いです。PCの充電器やスマホの充電器、予備バッテリーやイヤホンなど業務上持ち歩くアイテムも意外とあります。

ビジネスリュック以外の鞄であれば、**手で持つタイプのビジネスバッグ**がオススメです。

ビジネスバッグは**ビジネスリュックよりフォーマルな印象**を与えられます。私は移動中に両手が空いている状態が好みなのでビジネスリュックをもっぱら使っていますが、その辺はもう好みの範疇になりつつありますね。

3－3 コンサルの社内事情と生活を覗いてみよう！

社員証を首にかけての外出はOK？

ビル内では首にかけていることが多い

その理由として、ファーム側というよりもセキュリティの都合上、ビル内では社員証を見えるところに提示してほしい、というビル側からの要請があることが多いからです。

一方、**社員証を首にかけて外出するのはリスキー**なので避けた方が無難です。紛失リスクがあるほか、何らかのトラブルになった際に会社バレするリスクもあります。

会社のブランドイメージを棄損すると問題が大きくなりがちなので、理想的な動きとしては**ビル内では首にかけ、ビルから出た後は外す**という扱いが良いかと思います。

社員証を首から下げたまま飲みに行くことは慎みましょう。

◎ 社員証の紛失は大きなインシデント

コンサルファームは業務の特性上、情報を漏洩した場合ブランドイメージの棄損が激しい業種です。

例えば、近年の事例では2022年にデロイトトーマツコンサルティング合同会社が株式会社セブン＆アイ・ホールディングスにイオン株式の秘密情報を提供し、さらにその秘密情報の一部が週刊ダイヤモンドにも掲載されてしまったことは記憶に新しいです。

社員証を落とした場合、それを拾った人物が社内に侵入して情報を持ち出す可能性があり、それは最悪ファーム自体の倒産にすらつながる可能性があります。そこまで大問題にならないにしても**人事評価にも大きく響く行為**なので、取り扱いには十分注意しましょう。

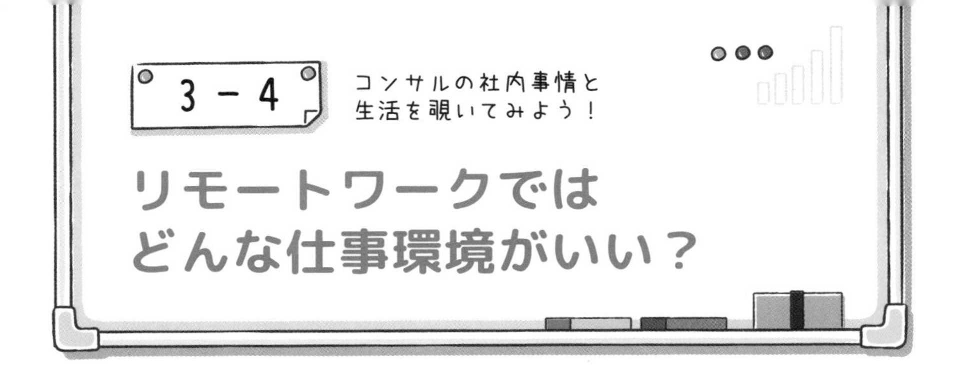

リモートワークでは どんな仕事環境がいい？

真っ先に買うべきはヘッドセット

リモートワークの必須アイテムは、**良い感じのマイク付きイヤホンかヘッドセット**です。リモートワークで頻繁に発生するウェブ会議で、マイクがショボくて相手が聞きづらい、話しづらい事態は言語道断です。

PCについているマイクではなく、あまり高価なものでなくても良いので外付けのマイクかヘッドセットを用意しましょう。

◎ 椅子やモニターも良いものを使おう

長時間座ったままだと腰へのダメージは馬鹿にできず、腰を壊して生産効率が悪化した人や、人生に様々な制約がかかった人を何人も知っています。

コンサルティング業務ではデスクワークが多いため、若いうちから良い椅子に座りましょう。最も金をかけるべきポイントです。

作業効率を上げるために、サブモニターを導入してノートPCのモニターとあわせて**ツインモニター環境**を構築するのもオススメです。

巨大モニターで１枚体制にする、縦モニターを導入する、トリプルモニターにするなどは好みでやってみてください。

その他、仕事効率を上げるためには、**作業しやすい部屋環境**でしょうか。散らかった部屋はウェブ会議では背景を隠せますが、居心地はどうにもなりません。特に家族がいる場合、仕事用の部屋や自分の部屋が用意できるかどうかは仕事の効率に大きく影響します。

リモートワークの効率は構築する環境でだいぶ変わるので、自分好みの環境を工夫して効率を上げていきましょう。

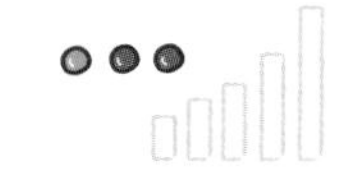

コンサルの社内事情と
生活を覗いてみよう！

コンサルの通勤時間。会社の近くに住むべき？

通勤時間の短縮は仕事に大きく影響

最近はリモートワークも一般化していますが、それでも会社に行きやすい範囲で、複数路線使える駅近に住むのに越したことはありません。

その理由はシンプルで、**通勤時間の短縮**です。

コンサルを続けているとエグい残業が毎日続く期間がいつか来ます。その際、自宅が近いことは大きなメリットになります。

ちょっと帰ってシャワーを浴びて仮眠、というときに通勤時間が1時間の自宅と、15分の自宅を想定してみましょう。

解散から次の集合まで6時間あるとすると、片道1時間、往復で2時間通勤にかかり、取れる睡眠時間は4時間を切ってしまいます。

片道15分なら余裕で5時間まとめて寝られます。この差は、**いざというときのパフォーマンスに大きく影響**します。

一方、コンサルファームは都内中心部にあることが多いため、**近くに住むと住宅費が高くなりがち**なのがデメリットです。

特に平日は寝に帰る、休日もほとんど家にいない生活を送ることを前提に、高い住宅費を払うのは馬鹿らしいという考え方もあります。

そもそも総合系のコンサルタントは、常駐プロジェクトに入ると本社ではなくクライアント先に通うことになるので、複数路線が使える交通の便が良いエリアに住め、という意見もあります。

せっかくコンサルやるんだからお洒落な街に住みたい等、住環境には個々人の様々な価値観もあると思いますが、会社まで近い距離に住むといざというときに助かりやすいという点は覚えておいてください。

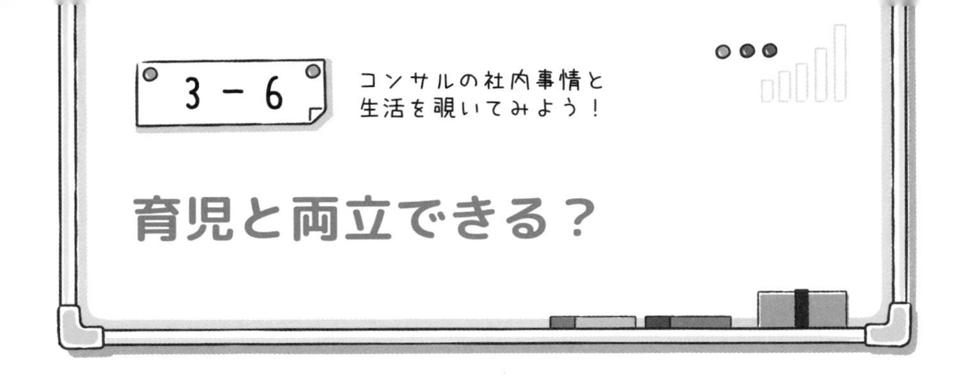

育児と両立できる？

忙しいときの対処法を立てておく

実際に子育てや家事を仕事と両立しているコンサルはたくさんいるため、結論から言えば可能です。ただ、忙しくなってくると育児・家事が回らなくなるので、その対処法はあらかじめ用意しておきましょう。

◎ 突発的な事態への対応をどうするか？

子育てで問題になりやすいのが、病気や事故などの突発的なアクシデントへの対応です。

特に子供が急に熱を出した、吐いた等で体調を崩した際には保育園や幼稚園に迎えに行くという対応をせざるを得ないのですが、それと仕事の相性が半端なく悪いです。

そのため、夫婦間で密に仕事の状況を共有し、子供の突発的な体調不良が発生した場合、**どちらがどう対応するかを決めておきましょう**。

両者とも対応できない日は危険信号で、その場合の対策を親や兄弟、親戚、近所など外部の力を使って準備しておく必要があります。

◎ 実家が近くで親に対応を頼めるケース

夫婦ともコンサルで子育てしている家庭では、意外と実家に頼っている方が多くいます。頼れる親が近くにいる方は、心配なく仕事に集中できます。

親であれば多少無理を言っても対応してくれるので、私の知人には両親を田舎から呼んで近くに住まわせたケースすらあります。

◎ 福利厚生でベビーシッターを活用できるファームも

福利厚生でベビーシッターの補助を制度化しているファームもあります。保育園に迎えに行く代行を頼み、そのまま用意してあるご飯を食べさせてもらい自分は残業してから帰るという働き方もできます。

問題は病児対応が難しい点です。病児対応できるシッターは急には予約できないことが多いです。

子どもは急に病気になるのに、事前の予約が必要という矛盾があったりします。熱を出して2日目といった場合には事前予約の病児対応も可能です。病児を一時的に預かってくれる保育園もありますが、同様に前日予約が必要なケースが多いので注意しましょう。

◎ リモートワーク中心に仕事を回す

リモートワークでは時間の調整がしやすいので、子どもの体調が悪ければ、早めに迎えに行って家で子守しながら仕事をすることも可能です。効率は落ちますが、子供が寝てからの残業で巻き返しましょう。

正直なところ、**夫婦だけで育児とコンサル業を並行することはなかなか難しい**部分があります。

周囲のサポートを得られる体制をいかに構築できるかが勝負の分かれ目だと思います。

独力で無理をするより周りの人に頼りましょう。

子育てと両立するための３種の神器

両親

ベビーシッター

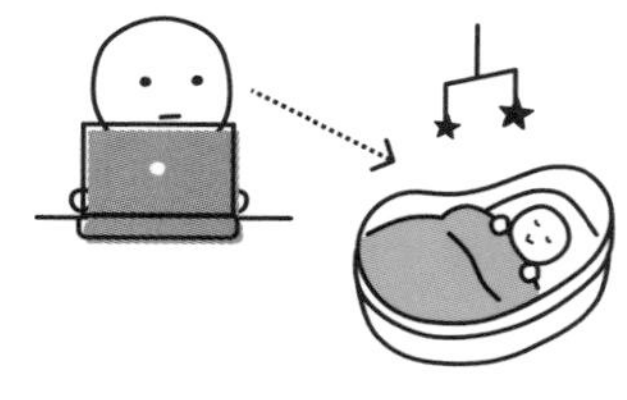

リモートワーク

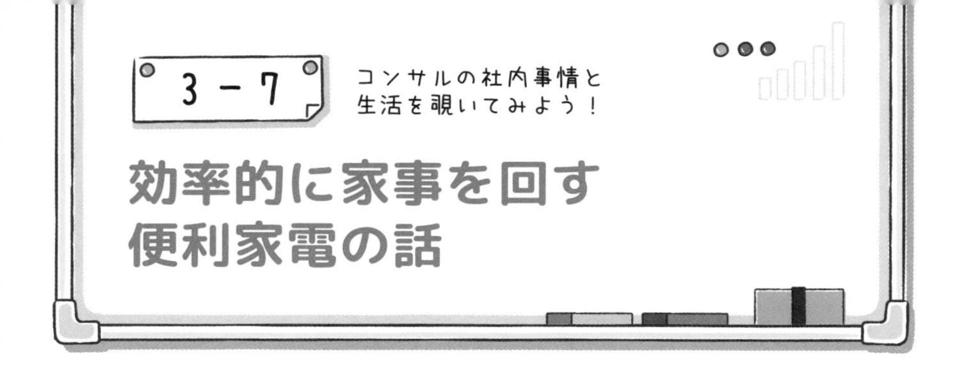

効率的に家事を回す便利家電の話

家事は効率化と外注で時間を確保する

労働時間が長くなりがちなコンサル業では、飲み会の場などで便利家電の話で盛り上がったりします。

特に**掃除機ロボット**、**食洗機**、**乾燥機付きのドラム式洗濯機**あたりが人気です。

それぞれ掃除、炊事、洗濯の時間コストを大きく減らしてくれます。時間単価を考えればこの辺りは余裕で回収できるので、**ケチらずどんどん便利家電を導入**しましょう。

掃除機ロボットは部屋の構成がポイントで、床にものを置かない&床に座らない環境にすると最大の力を発揮してくれます。

逆にコタツやローテブル＋座椅子の生活とは相性がよくないので、導入時は生活スタイルを見直す必要があるかもしれません。

食洗機はビルトインタイプが理想ですが、後から台所に設置するタイプでも意外と便利です。漆器など食洗機で使いづらい食器もあるので、食器側を合わせにいきましょう。

普段使いの食器は食洗機対応の丈夫なもので十分です。

洗濯機も同様で、ケチらずドラム式を買ってボタン一発で乾燥までやれるようにしましょう。

洗濯物を干して回収するなどという無駄を丸ごとカットしてくれます。服の基本ラインアップを乾燥機にかけても問題のない素材で揃えましょう。

便利家電に合わせて生活する

これらの話に共通する要点として、**生活側を家電に合わせる**ということがあります。

コンサル的に言うと、業務にシステムを合わせるのではなく、システムに業務を合わせる方が効率的なのです。

便利家電を最大限活用できるように、生活スタイルを合わせていく方が合理的です。

◎ 困ったときは家事代行など外注もあり

上記の便利家電でカバーできない要素は、外注するのもおすすめです。週1〜2回くらいで家事代行を頼むことで、面倒な水回りの掃除や料理の作り置きなどをカバーすることができます。

昔のお手伝いさんと違い、最近は**カジュアルな家事代行サービス**が充実しており敷居も低いです。

毎日来てもらわなくても意外なほど家の中が綺麗になって精神的なゆとりができるので、家事に課題を感じているなら導入をおすすめします。

企業側もコンサルに課題解決を外注しているのです。コンサルが家庭の課題解決を外注することを恥じる必要はありません。

新・三種の神器

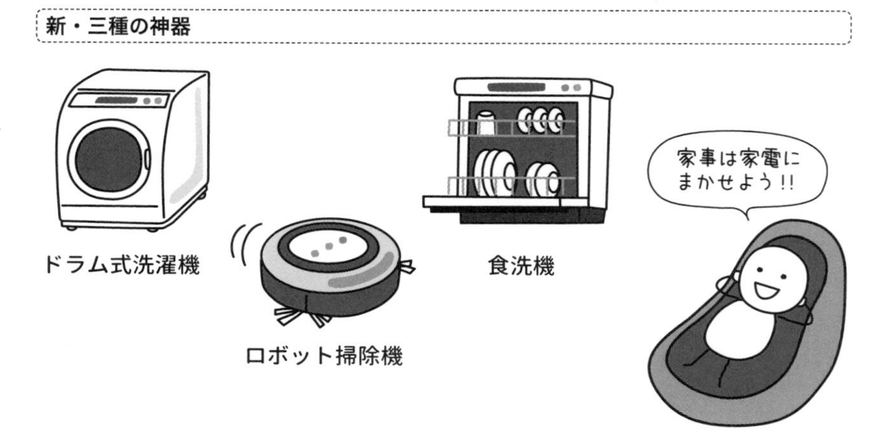

派閥争いってある？

強固な派閥は形成されず派閥の競争もない

コンサルファームの組織は、収益責任を持つパートナーの下にピラミッド状にマネージャー→スタッフが配置され、そのピラミッドがパートナーの数だけ並列しています。

パートナーごとに派閥が形成されるので、自分の親分となるパートナーの派閥に自動的に所属することになります。

パートナーも優秀な人員を囲い込みたがるので、優秀な人ほど他のピラミッドに移動するハードルは意外と高かったりします。

日常的に直属のパートナー以外のパートナーと接点を作り、色々なプロジェクトに関わることでキャリアに幅を出したり、**いつでも他のパートナーの下に移れる状態にしておくこと**は、長く同じファームでコンサルタントをやっていくためには必要なことかもしれません。

一方、受注したプロジェクトを一緒に実施したり、営業案件を他の適任と思われるパートナーに任せる等のパートナー間の連携は、個人に任されている部分があり、ゆるく派閥のような構造を形成するパートナーもいれば、一匹狼的な動き方をするパートナーもいます。

事業会社でよくある「●●派とxx派の２つの派閥がある」ような大きな派閥の構造はあまり見られません。「●●派が優勢になったからxx派は冷遇される」といった人事もほとんど聞いたことがありません。

社内でどのパートナーの下に所属するかは自分の今後の成長に大きな影響がありますが、キャリアが固定化されたり、いなくなった上司パートナーの部下が冷遇されることはないのは、コンサルタントとしてキャリアを積む上での１つのメリットかもしれません。

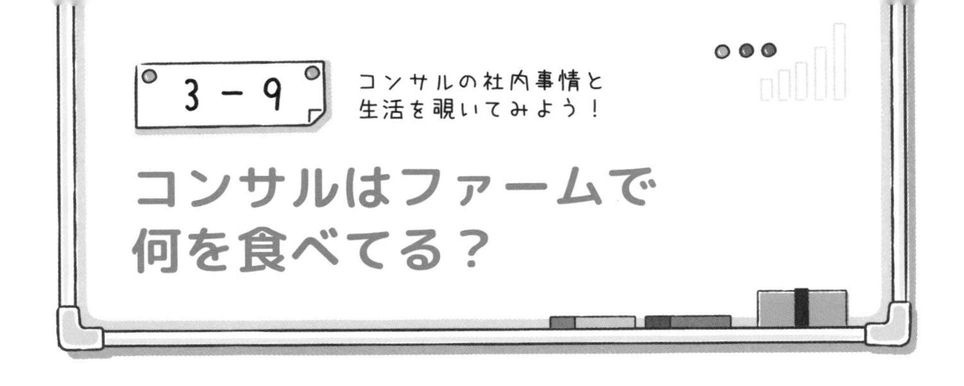

コンサルはファームで何を食べてる？

ランチの多数派はデスク飯

出社時のランチタイム時は、**デスクで何か食べながら仕事をしている**のが多数派です。

コンビニや周囲の店舗でテイクアウトで買ってくる、備蓄してある食品を食べる、持ち込んだ弁当を食べる等が多く、ゆっくりランチを外に食べに行く人や機会はさほど多くありません。

人によってはきっちり毎日レストランでランチを食べる人や、逆に眠くなるからと食事を取らない人もいます。

これはディナーでも同様で、総じて時間に余裕があればちゃんとした食事をとるが、余裕がない状態では栄養補給程度の扱いになる、という感じです。

◎ 同僚と時間が合えばディナーにいくことも

チームの方針にもよりますが、プロジェクトメンバー同士で業務の終了後に一緒に食事に出ることもあります。

実際には、他に予定がなければ気の合うメンバーとたまに飲みに行くといったケースのほうが多いかと思います。

パートナークラスは高級店に詳しいグルメ揃い

プライベートの食事にはこだわりを持つ人が多く、給与水準が高いこともあり高級店での食事や高いワインを趣味とするパートナークラスは意外と多く見られます。

パートナークラスになるとクライアントとの宴席も多くなるので、高級店に詳しいグルメなパートナーがたくさんいます。
チームの宴席だとパートナーが奢ってくれることも多いので、良い店に連れて行ってもらえるように祈りましょう。

食事代に手当が付くかはファーム次第

残業時に福利厚生として食費の手当が出るファームや、チーム内でのイベント(飲み会)に会社から補助が出るファーム、チームメンバーと共有する前提なら食事を経費で落とせるファームなどもあります。

食費をどこまで経費で落とせるかは、ファームの規定によって異なります。

場合によっては通勤時のタクシー代、残業時の食事代、書籍代等を経費で落とせて、第2の給与みたいな形になっているファームもあるので、入社前の待遇を確認する際には、気にした方が良いポイントかもしれません。

ただし最近は、飲食の経費が緩いファームは徐々に減ってきている気がしますが…。

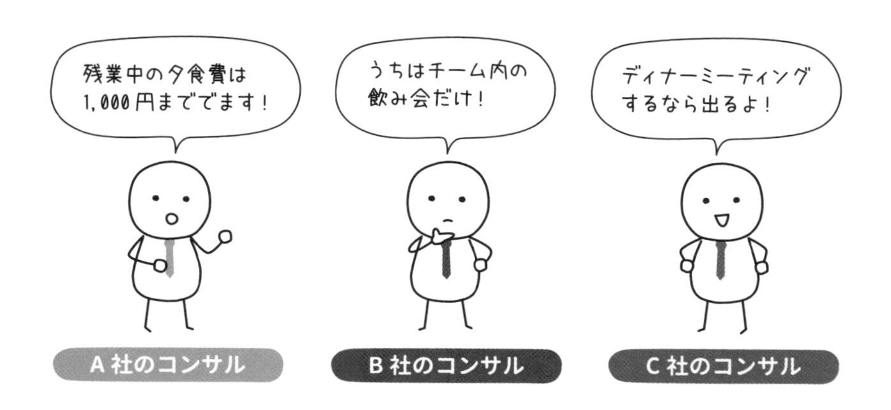

どんな福利厚生がある？

一般的な大企業にあるような福利厚生は概ね揃っているといっていいでしょう。詳細はWebサイトなどからおおよその内容を確認できます。

福利厚生の制度はしっかり整っている

◎ 健康保険、健康診断、人間ドッグ

健康保険への加入、定期的な健康診断及び一般的な人間ドックは福利厚生として提供されています。

人が資産とされるコンサルファームでは、健康診断や人間ドックなど健康面の福利厚生は手厚く、若い段階から人間ドックを受けられるファームもあります。

◎ 退職金・企業年金

ファームによって退職金や企業年金の制度は異なりますが、最近は401(k)などの確定拠出年金が提供されるファームが増えています。

コンサルティングファームは給与水準が高めなので、給与を元に計算する退職金は在職年数の割には高額となる傾向にあります。

◎ 有給休暇

一般企業同様、労働基準法に準拠した年間最大で20日程度の有給休暇を与えられるケースが多いです。

また、独自にまとまった休暇がとれる制度を設定しているファームもあります。

有給休暇を毎年使い切れるかどうかは別問題ですが…。

◎ 教育・研修制度

コンサルファームは、専門的なスキルや知識を向上させることが業務パフォーマンスに教育や研修プログラムを豊富に提供しています。

その気になれば様々な研修を受講しスキルアップを狙うことができます。もちろん、研修を受けている時間があるかはまた別の問題になりますが。

◎ フレキシブルな労働時間、リモートワーク

近年では、特にコロナ禍以後の勤務形態の変化を受け、フレキシブルな労働時間やリモートワークが増加しています。

リモートワークで通勤がなくなることや勤務時間を柔軟に選べることは、従業員には大きなメリットとなる福利厚生であると言えます。

最近は一時期の全面的なリモートワークは少なくなり、一部ファームは週何日かの出社を推奨するようになっています。

◎ 社内イベント・社交活動

チームのまとまりを促進するためのチームビルディング、社内イベント、懇親会など従業員同士のコミュニケーションを促進するイベントが開催されることもあります。チームビルディングはプロジェクト開始時に１回程度、社内イベントや懇親会は年に１～２回程度のケースが多いです。

◎ 出産・子育て支援

子育て中の従業員をサポートするために、保育補助金、柔軟な勤務時間の設定や時短勤務、育児休暇などの制度が整備されていることが一般的です。さらに、ベビーシッターの補助金等が用意されている場合があります。

◎ 住宅手当

ファームの規定によりますが、スタッフクラスのみ住宅手当が出るケ

ースや、従業員が借りている住宅を社宅扱いにして給与からの天引きにしてくれるファームもあります。

後者の賃貸住宅の社宅扱いでは給与からの天引きなので、給与額が下がり**節税効果**もあります。給与が高めの（税金が高い）コンサルとしてはありがたい制度です。

◎ カフェテリアプラン

福利厚生として最近はカフェテリアプランを持っているファームも多く、会社から付与されるポイントを好きなサービスや商品に変えることができます。

なお、カフェテリアプランとは会社が定額のポイントを支給し、そのポイント内で福利厚生のメニューから選択して利用できる運営形態の1つです。

総じて、給与が高めの水準にあるだけでなく、様々な福利厚生も提供されているファームが多いと言えます。

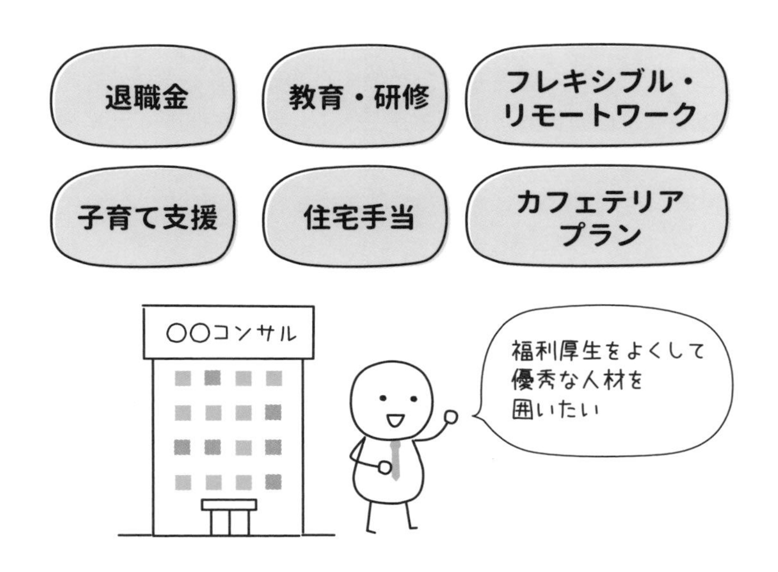

3－11 コンサルの社内事情と生活を覗いてみよう！

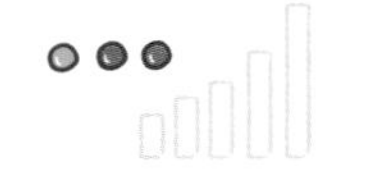

経費はどの程度使えるか？

業務に必要であれば経費で落とせます

業務に必要な移動のための**タクシー代などの交通費**や参考文献のための**書籍代**、**打合せの喫茶代**などは経費で落とせます。

特にタクシー代に関しては深夜残業後の帰宅でならOK、客先へ行く際は使用可能等、ファームごとのルールに差が大きい部分です。

実態としては上層部になるほどルーズに使用しているようです。

通勤や客先への移動でタクシーを使っているケースは結構多いのではないでしょうか。

もっとも、移動直前まで作業をしタクシー内でもウェブで会議を続けたり、移動中も資料を作成していることも多いので、タクシー移動を経費で落とす必然性もあったりします。

長距離移動時に、グリーン車やビジネスクラスが使用できるかは、就業規則等で規定され職位ごとに決められています。

ただし、グリーン車やビジネスクラスで移動する＝移動中も仕事してるという意味であり、気が休まるわけではありませんので悪しからず。

◎ プロジェクトに関わるものはOK

プロジェクトなど業務で必要となる書籍は経費でほぼ買えますし、プロジェクトに関わらない自分の**勉強用の書籍も経費で落とせるファームが結構あります**。

研修費に比べて市販の書籍は千〜二千円程度と安価なため、仕事もしくは勉強用であるという理由であれば、かなりの部分は許容されています。

また、業務に必要なPC用のソフトウェアやツールも経費で落とせることが多いです。プロジェクトにかかわるものであればプロジェクトの経費として、そうでなければチームの経費で処理するケースが多いです。

ただし、PC周りのマウス、ケーブル、ハブなどのガジェットはファーム側で一括購入して提供されることが多いので、個人のこだわりがあるものは自腹で買うことが一般的です。

例えば筆者はトラックボールを使用していますが、これは自分で購入して使用しています。

お酒は飲めないとダメ？

下戸でもなんとかやっていける

アルコールは飲めるに越したことはありませんが、飲めなくても業務や評価に影響はありません。

主に仕事でお酒を飲むシーンは社内のイベントかクライアントの接待で発生しますが、最近はどちらも「**体質的に飲めない**」と断ればそれ以上勧められません。アルコールを強制するような文化はほぼ消滅し、無理やり飲ませようとする人は、社内のパワハラホットラインに一報入れるだけで一発アウトになります。

◎ お酒は飲めないが盛り上げられるようコミュ力を磨く

一方で、特にクライアントとは、コミュニケーションを密にし本音を聞き出したりするために宴席を用意することもあります。こうした宴席には一定のランク以上の者や担当者は参加を求められます。

宴席で必要なことはアルコールが飲めなくても「楽しく場を盛り上げて会話を弾ませる」程度の**コミュニケーション能力**と理解すればでいいしょう。

食事会をビジネスの時間外に開催して親睦を深める文化は当面なくならないので、お酒が飲めないマネージャー以上にとって宴席での対応方法は重要なスキルとなるでしょう。

また、お酒を飲まないと仲良くなれない文化を持つ国や人もいるため、そうした場面では少し苦労する覚悟もしておきましょう。

宴席の全てに対応する必要はなく、自分の得意な仕事の範囲で対応していけば問題ないので、コンサルタントとしての能力を磨くことで補える程度の話だとも言えます。

3－13 コンサルの社内事情と生活を覗いてみよう！

ゴルフはできた方が良い？

ゴルフはお酒と同様に、できた方が対内的にも対外的にもコミュニケーションの幅が広がるので**望ましいスキル**といえます。

ただし、お酒と同様になくても**何とかなるスキル**でもあります。ちなみに筆者はゴルフの経験はありませんが、今のところ無難にコンサルを続けられています。

ゴルフをやることによるメリット

以下はゴルフをやるコンサルタントからの意見です。

◎社内外の接待に役に立つ

ゴルフは長時間一緒に会話をしながらプレーするため、**同じグループ内で親密なコミュニケーション**がとれるようになります。

その時間がクライアントや上司と親密な関係を築く土台となり、仕事の話題以外でも何気ない会話を行うことで互いの人となりを掴むことができるようになります。

プライベートな話題や趣味について話すことで、ビジネスだけでは築けない関係を構築できるのです。

◎ここだけの話をしやすい

また、ゴルフは自然の中で周囲に関係者以外がいない環境なので、ビジネスの**「ここだけの話」をしやすいスポーツ**でもあります。

ラウンド中だけでなくクラブハウスでの食事なども含めて、ゴルフ場でビジネスの重要な相談や情報交換が行われることはよくある事です。

◎ 人柄がわかる

ゴルフは**トラブルへの対応（リスク管理）を垣間みれるスポーツ**でもあるので、人となりが出やすいと言われています。

プレーの堅実さや大胆さが必ずしもビジネスに繋がるとは思いませんが、紐づけて考える人は多いようです。

コンサルタントの営業先は大手企業の役員が多く、大手企業はゴルフの会員権を所有し役員はそれを使用できることが一般的なので、ゴルフを好きなクライアントだらけです。

営業活動を行うマネージャー以上になると、ゴルフの趣味はあったほうがいいと思われます。

ゴルフのメリット

COLUMN

ライフイベントはキャリアの転換に

体調を崩す、結婚する、子供が生まれるといった人生にとっての大きなイベントは、コンサルとしてのキャリアにとって大きな転機になりがちです。

体調を崩す場合は、やはり労働時間が長いことや強いストレスが原因となることが多いようです。身体的な問題であれ精神的な問題であれ、一度大きく体調を崩したあと完全に元に戻ってまたバリバリ働けるようになる、というケースは稀です。

私の周囲の体調を崩した人を見ている限り、コンサルを続ける場合は体調不安と闘いながらだましだまし働いていたり、労働時間やストレスを軽減できる先へ転職したりするケースを見受けられます。

働いている中で、体調の悪化やストレスを感じるなど、自分で危ないなと感じたら、早めに対処することをおすすめします。そこまで重度になる前の状態なら、十分な休養を取ったりストレス源から離れることで元に戻ることが多いようです。

結婚や子供の誕生で人生観や人生における優先度が変わった場合も、コンサルから転職したり、従来の仕事最優先の生き方を変える等の選択を取る人が多いようです。一方、これらの変化は本格的な業務の効率化を考え出すきっかけになったりもします。

いずれにせよ、人生にとっての大きなイベントがあったら、キャリアを考えるきっかけになったくらいの受け止め方をした方が良いのではないかと個人的には思っています。

人生の目標がずっと変わらない人もいれば、何かをきっかけに変わる人もいると思います。しかし、どちらも自分の人生に納得感をもって過ごせれば幸せなことで、そこに優劣はないのですから。

4章 コンサルの思考法と仕事術

コンサルファームに入社した後、どんな仕事をすることになるのか、そして仕事で気をつけるべきこととは何か。この章では、まず基本的なコンサルタントの思考法や考え方を解説します。
これはコンサルタントとしてだけではなく、社会人の基本的な考え方にも通じると思っています。

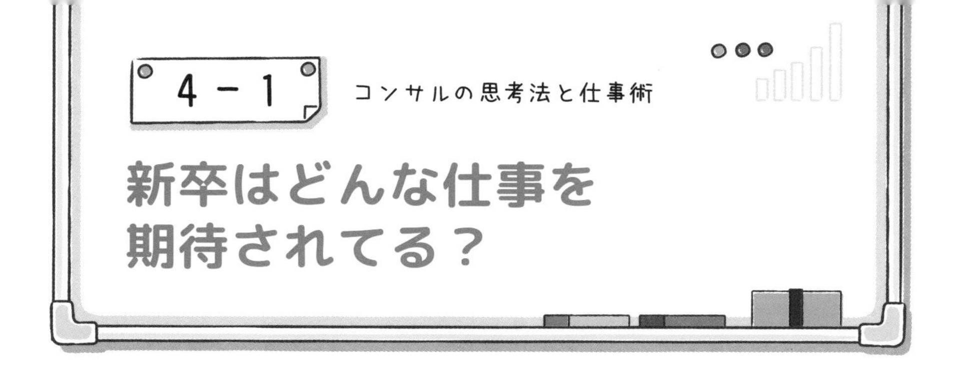

新卒はどんな仕事を期待されてる？

新卒の仕事はコンサルの基礎の４つ

新卒の業務は主に議事録の作成、ロジ、リサーチ、資料の作成といった**基礎を学ぶための仕事**になります。

◎ 議事録の作成

議事録はミーティングの記録ですが、非常に奥深いものです。

議事録の形式は、誰が何を言ったかを一言一句書き留める逐語録からミーティングの内容の要約だけを記載したものまで幅広いですが、一般には**ミーティングの内容を要約して記録**したものを指します。

プロジェクトの円滑な進行に欠かせないばかりか、プロジェクトや各ミーティングの成果自体も議事録に依存する部分があります。

議事録を作成することでミーティングやプロジェクトの流れを把握し、プロジェクトの理解が深まるという効果もあります。

議事録のとり方に関しては後ほど改めて語ります。

◎ ロジスティクス（ロジ）＝仕事全般が円滑に流れる準備

ロジスティクスという言葉は、物流を効率化するマネジメントとして使われますが、コンサル業界ではそこから派生し、ミーティング場所の手配や通信環境の準備、必要な資料の確認、出張時は移動経路の確認等、プロジェクトを円滑に進めるための準備を言います。

ロジは想像力が勝負どころであり、「このミーティングでは、これが要るので準備しておこう」といった展開を予想する力が必要です。

これも議事録作成と同じく、プロジェクトやミーティングの流れを把握し、事前に**予測する能力が磨かれる仕事**です。

雑務に見えますが、マネジメント層に気が利く(想像できる)人だと思われるかどうかで、後々の扱いやキャリアがだいぶ変わります。

◎ リサーチ

最初はシニアコンサルタントやマネージャーの指示を受けて**プロジェクトに必要な調査**を行うところから始まります。

リサーチ方法は後述しますが、主張したいことを**裏付けるためのファクトを探す**、**データを解析して意味を見出す**ことは、コンサルの基本にして極意です。

入社面接でフェルミ推定をやらせるのも、間接的にリサーチ能力や仮説構築能力を見ていると言えます。

◎ 資料作成

資料作成に関しては、当初は**上司が設定した最も伝えたいメッセージを支えるグラフや図や表を作成するのが主な仕事**です。

リサーチした内容を元にそれを**わかりやすく示す資料**を作ることが、プロジェクトに貢献することになります。

新卒に期待される業務は主にこの4つです。どれもコンサルの基本的な能力を身につけ高めるための業務です。

業務からどんなスキルを獲得しているかを意識すると、OJTによる**スキルセット(知識を含むスキルの組み合わせ)の獲得**が早まると思います。

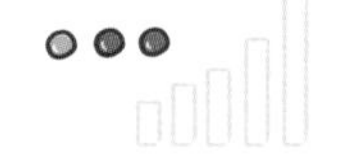

結論から話すべき？ ーPREP法のすすめ

結論から話すべきです

コンサルファームでは、ひたすら**結論から喋る訓練**をさせられると思ってください。

コミュニケーションの密度を上げるためにストレートに結論から入るという話し方はコンサルタントが身につけるべき必須スキルです。

結論から話してわかりやすく伝える方法には**PREP法**があります。

PREP法とは、結論：Point、理由：Reason、具体例：Example、結論：Pointの順番で話す方法です。

PREP法で話す習慣を身につけると良いでしょう。

PREP法

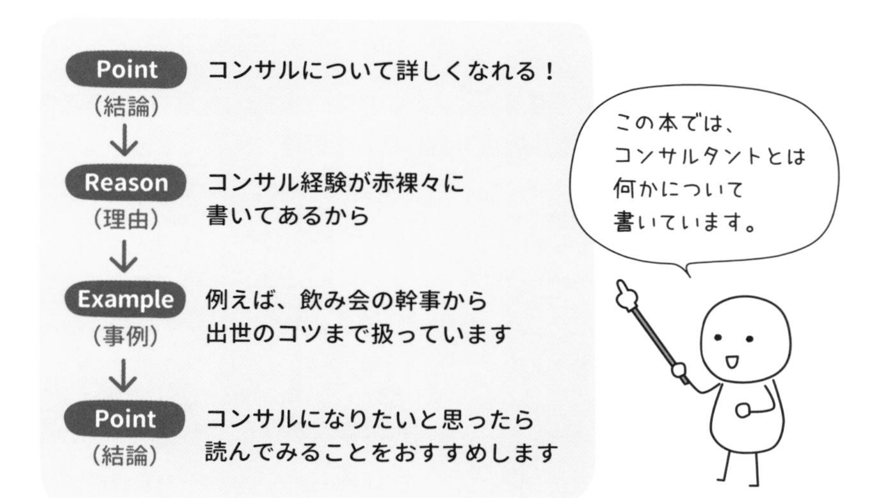

この本でも結論を最初に述べて最後に再度結論を繰り返すPREP法を意識していますが、**結論を最初と最後に2回話す**ことで内容が伝わりやすい構成にしています。

PREP法は文章を書く際にも有効なので、意識して練習すると伝わりやすい話し方と文章が両方同時に習得可能です。

例えばこの項（4-2）に関しても、PREP法に沿った構成になっています。3つ目のステップでは具体例を示すことで、抽象的な話だけでは得られない理解の深度を得ることができます。

抽象的内容に具体的事例を提示することで、結論についての理解が深まるでしょう。どういう具体例で説明するかはセンスが問われます。

話を聞く人が理解しやすく適切な具体例を選ぶことができれば、話す技術に関しては上級者と言えるでしょう。

このように、結論から話してその理由、具体例を挙げてまた結論を述べて締める、という構成は基本のフォーマットとなります。

慣れるまでは事前に準備して意識的にやらないととっさに出ないので、日々の練習がものを言います。精進してください。

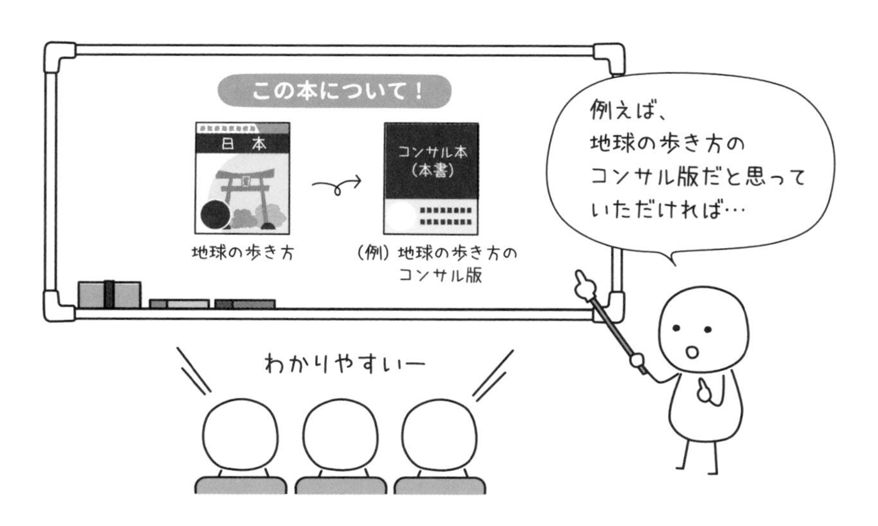

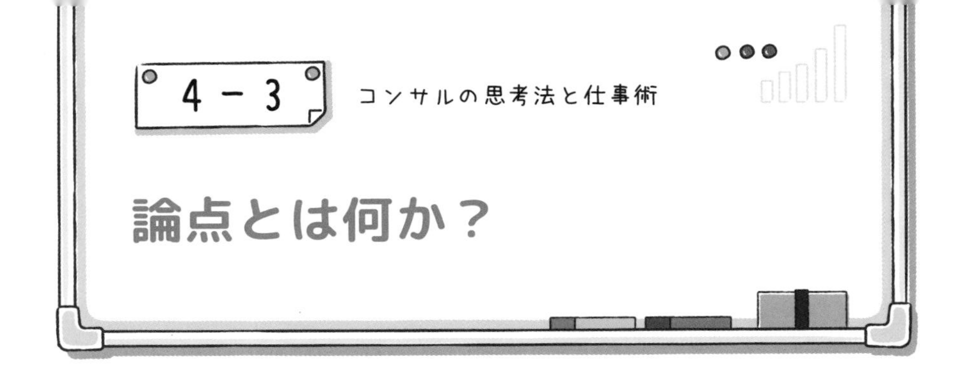

論点とは「解くべき問い」

論点、課題、イシューなどの単語がコンサル本では頻出します。
これらの定義は本や人により微妙な差がありますが、概ね近いものだと考えて問題ありません。
コンサル業は、これを解決することで対価を得ています。

◎ 問題と論点一体どう違う？

一方、問題と論点は異なります。**問題は現象**であり、**論点は現象を解決するための問い**です。
例えば、「利益が減少している」は現象であり問題です。
「利益を増加させるために何をするか？」は問いであり論点です。

◎ 論点の設定はゴールの定義

論点をどう設定するかは奥深く、そこを間違えると延々と違った方向を向いて考えてしまうので注意深く設定しましょう。
そのためには**クライアントの意思**の確認が不可欠です。
そして論点の設定はゴールの定義でもあります。
例えば「収入が減少している」という現象への対策を考える際に、目指すゴールが「贅沢な生活をしたい」なのか「不安のない生活を送りたい」なのかで大きく論点は異なります。
前者は収益を増やすのが手っ取り早そうですが、後者は収益を必ずしも増やさなくてもいいのかもしれません。

◎ 論点を分割することの重要性

実際に論点を検討する際は、**大きな論点を分割して小さな論点にする**ことも重要です。

これもコンサル本によく出る話ですが、ピラミッドストラクチャーによって複数の小さな論点を検証し、最終的に大きな論点に対して結論を出す、というのがコンサルの基本スキルとなっています。

例えば、利益を増加させたいという論点は、売上を増やすのかコストを下げるのかという論点に分解することができます。

分解の方法や具体例などの詳細は他の本やセミナーに任せますが、論点をどう設定し、分解して答えを出すのかはコンサルタントの基礎であり奥義であるスキルです。

論点レベルでずれているという徒労が生じないように、常にクライアントや上司と論点を確認することを意識してください。

ピラミッドストラクチャー

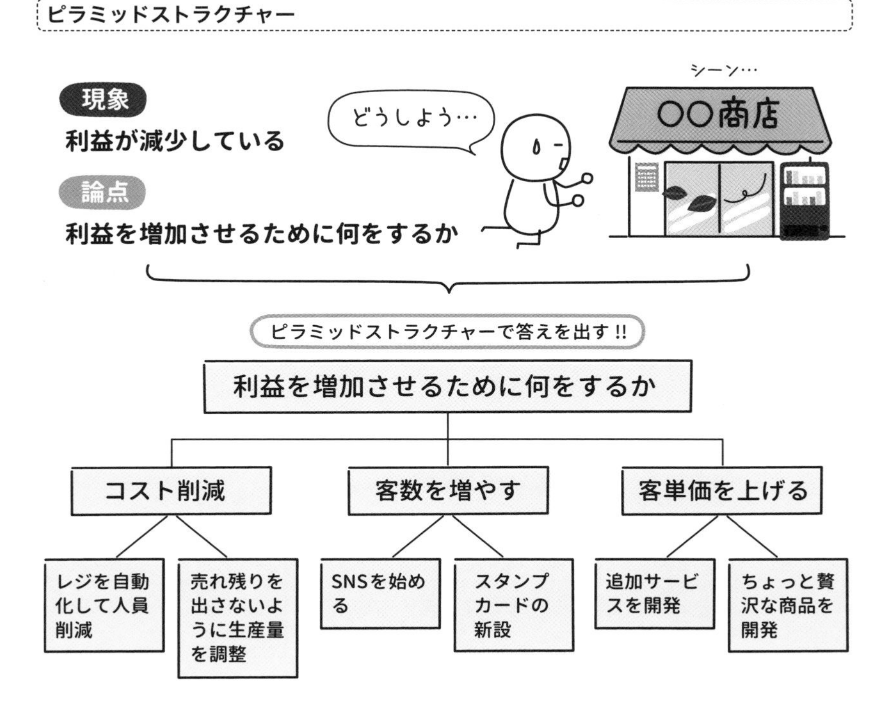

4章

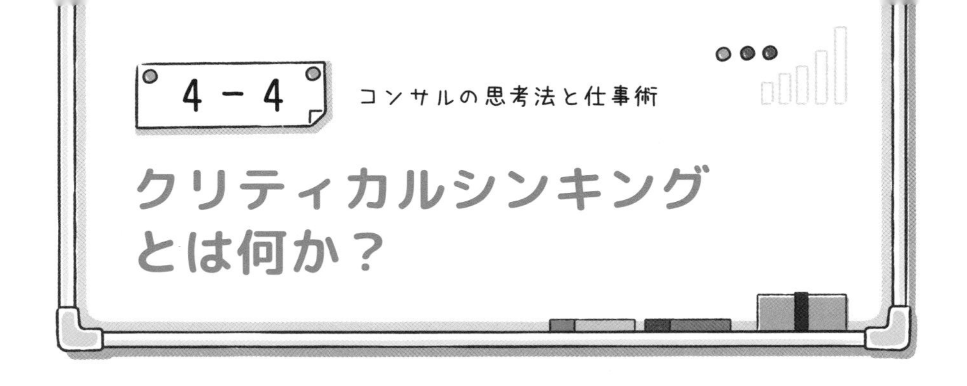

クリティカルシンキングとは何か？

必須のスキル ── クリティカルシンキング

クリティカルシンキング（批判的思考）も、人によって定義が様々ある言葉です。

概念としては「**客観的視点から物事や情報を多角的に検証して、論理的に考える**」ということに包括されるものだと認識しています。

客観的視点から論理的に検討することで、周囲の理解も再現性がある形で引き出すことができます。

◎ ロジカル・シンキングとの関係は？

ロジカル・シンキングは論理的な思考法であり、主張とそれを支える根拠をWhy so?（なぜそう言えるの？という主張から根拠に向かう説明）とSo What?（それで何が言えるの？という根拠から主張に向かう説明）で隙間なくつなぐことで論理構造の精度を上げる手段です。

クリティカルシンキングは論理的に考える**「ロジカル・シンキング」を内包する概念**であり、ロジカル・シンキングに批判的精神（クリティカルマインド）を加えたものだと本書では定義します。

ロジカルシンキングとは？

主張
値上げします

Why so?
なぜそう言えるの？

根拠
コストが高いため

それで何が言えるの？
So What?

◎ あらかじめ批判を想定して検証する

その上で、前提となるバイアスや論理的なつながりに対して、**批判的精神から検証を行うことがクリティカルシンキング**です。

あらかじめ批判を想定して、それに耐えられるかどうかを検証するわけです。

批判を想定する際は、誰からの批判かを意識して検討しましょう。最優先すべきなのはその説明を聞く人の視点です。

クライアントの役員、自分の上司、株主といった立場が違う人の意見を想像し、それから受ける批判を想定し（エミュレーション）、それに対して批判し返すことで論理的な強度を確認することができます。

論理的に思考を行うとともに、**自分の中に自分の思考を批判する他人の視点を養う**ことがクリティカルシンキングの肝と言えるでしょう。

クリティカルシンキングはコンサルタントとしてやっていくのであれば、必ず身につけるべきスキルです。

社内レビューやクライアントにボコボコにされ続けることでもそのうち身につくスキルではありますが、**自分で自分の思考を批判して客観性を意識**すると早めに身につくのでおすすめです。

クリティカルシンキングの具体例

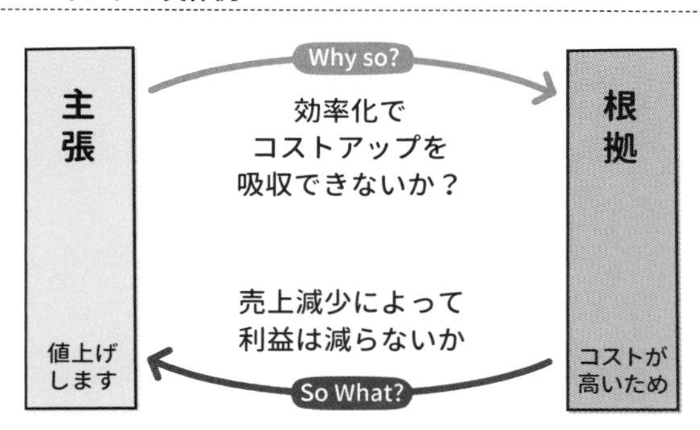

4章

ロジを制す者はコンサルを制す

コンサル業界でいうところの**ロジスティクス（ロジ）**は、ミーティングの設定やそれに伴う準備、社内手続きや移動ルート、宴席の設定等、プロジェクトを実行するために必要な後方支援的な業務です。

資料作成とミーティングの実行以外はだいたいロジに押し込まれていると言っても良いでしょう。

いわゆる「雑務」だと思われがちですが、仕事の展開の先を見越した準備が必要になることが多く、上手くロジを行うためにはプロジェクトの全体像や起こりうることに対して細かく具体的に理解している必要があります。

そつのないロジの手配には先々を見通す想像力が必要ですが、業務経験がないうちは想像する材料がそもそもなかったりするので、素直に周囲の先輩に気をつけるべき点を聞いてしまうのがおすすめです。

「〇〇のためにこれとこれを手配しようとしていますが、抜けている点や気をつける点はありますか？」という感じで聞くとノウハウが引き出しやすいでしょう。

ちなみに官僚や商社、広告代理店はロジスキルが高いので、周囲にそういう業種の人がいたら聞いてみると非常に参考になると思います。

◎ たかがロジ、されどロジです

ロジは若いうちから任されるので軽く見られがちですが、上手くこなすと上司に業務を理解していると認められるチャンスでもあります。

4－6 コンサルの思考法と仕事術

質問する際のお作法ってある？

クローズドクエスチョンを意識する

相手に質問する際には、**クローズドクエスチョン**にすることを意識してください。

クローズドクエスチョンとは、「はい」か「いいえ」で相手が答えられる質問です。これはつまり、「○○と○○ではどちらがよろしいでしょうか?」といったように相手の選択をあらかじめ想定して質問せよと言う意味です。

逆に、相手に自由回答させる質問はオープンクエスチョンと言いますが、これを行うことは仮説がないということと同義です。

質問の際に、どんな答えが返ってくるはずだと想定して、それを相手にぶつけてください。

会話が1ステップ短縮できますし、相手が考え込んで時間が無駄になることを防ぐことができます。

◎ クローズドクエスチョンでも話は広がる

アイスブレイクの雑談ならオープンクエスチョンでもいいですが、仕事で必要な情報を得るためにはクローズドクエスチョンを活用してください。

たまに話を広げるためにオープンクエスチョンを挟んだりすることもありますが、クローズドクエスチョンで話が広がらないかというと別にそんなことはありません。

人間は一度話し出すと色々続けて喋りたくなりますし補足したくなるものなので、まずスムーズに口を開いてもらうことが優先です。

クローズドクエスチョンを行う際に問いが間違っているかもしれないという不安もありますが、それはそれで問題ありません。

間違った仮説に基づいて質問を行っても大抵のエキスパートはそれを訂正してくれます。

特に、相手がよく知っている内容であるほど、嬉しそうに訂正して正確な情報を話してくれるものです。

仮に訂正してくれないならば、それは質問する相手としてそもそも間違っているということです。

この場合、質問回答者が1名だけだと間違ったまま修正する機会が得られないリスクがあるので、複数の人に質問を行って裏をとることを忘れないようにしましょう。

社内のレビューなどの際にも、質問がオープンクエスチョンかクローズドクエスチョンかは厳しい目で見られます。

迂闊(うかつ)にオープンクエスチョンで質問すると「何も仮説を持ってきていないやつ」という印象を与えがちなので気をつけましょう。

クローズドクエスチョン

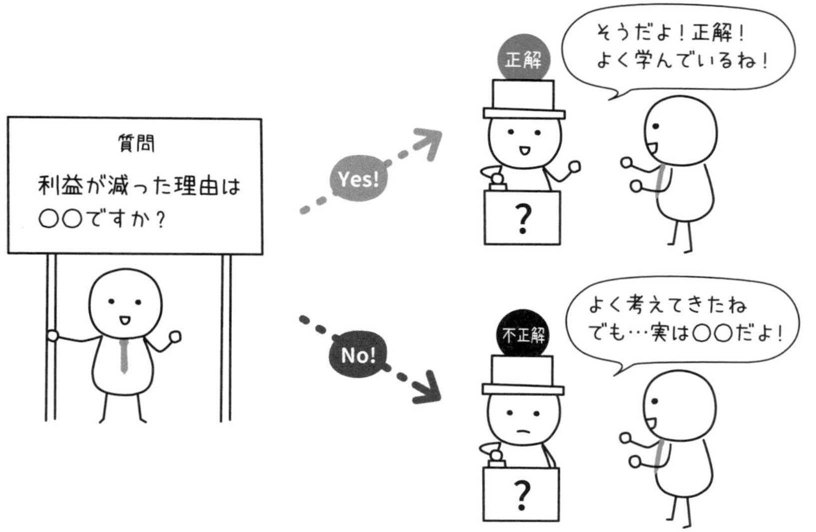

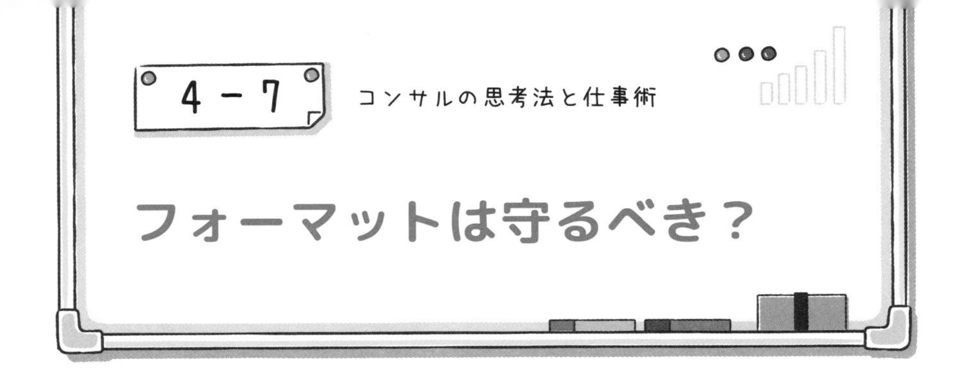

フォーマットは守るべきです

各ファームで使用している**フォーマット（文書の書式・ひな形）**は、ファームの統一感を出すとともに、文書、資料、プレゼン等であらかじめ統一されたデザインのものを使用することで、文書作成を効率的に行なえます。

デザインの統一感がある資料は説得力が増します。逆にフォントや大きさがバラバラの資料は見づらく読む気が失せるものです。

◎独自フォーマットは定型に合わせる作業を生むだけ

コンサルタントの中にはファームのものではない**独自のフォーマット**を作っている人も時折いますが、あまり感心できない行為です。

自分が理想とする形式の資料を提供したいという気持ちはわかります。しかし、フォーマットから逸脱した資料をフォーマットに合わせる、またその逆は無駄な作業と混乱を生みがちです。

先人が作った資料を再利用する際、フォーマットと違う部分があればそこを修正する無駄な作業が発生します。

自分の理想とするフォーマットで表現したいのであれば、フォーマットを作成する側に回り、自分のフォーマットの優位性を説得しましょう。

コンサルファームでは、定期的にフォーマットを見直すプロジェクトも立ち上がります。

こだわりのある人は手を上げ、自分のフォーマットの思想と合理性を皆に納得させてみるのが近道です。

4-8　コンサルの思考法と仕事術

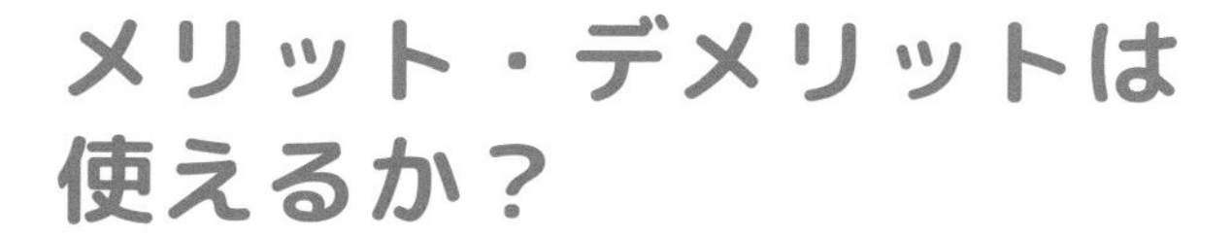

メリット・デメリットは使えるか？

メリット・デメリットは表裏一体のことが多い

メリット・デメリットは、**Pros・Cons**（プロコン）とも呼ばれ、長所と短所をリストにし比較検討する際に使うものです。

最初にざっと要素を出すときには使えますが、クライアントへの説明資料には使えないものだと思いましょう。

なぜならば、**メリット・デメリットは概ね表裏一体**であり、そのフォーマットで整理してしまうと、反対の意味の同じ内容が2度書いてある間抜けな資料ができ上がるからです。

◎ 具体例を考えてみよう！

例えば具体例として、施策Aと施策Bをメリット・デメリットで考えた場合を想定してみましょう。

施策Aのメリットがシニアへの効果大炎上リスク小、デメリットがコスト大だとした場合、施策Bはその逆でメリットがコスト小・デメリットが炎上リスク高と書かれるだけです。

プロモーション施策の比較イメージ

	メリット	デメリット
施策A CM活用	シニアへの効果大 炎上リスク小	コスト大
施策B SNS活用	コスト小 若年層への効果大	炎上リスク高

これでは何の比較にもなっておらず意思決定ができません。

一方、これらのメリット・デメリットを考えたのち、そこから評価する軸を洗い出して整理するという使い方は有効です。

例えば、先ほどの施策Aと施策Bでは効果をさらにブレイクダウンし日本国内の売上が伸びるのはどちらか、といった**論点を解決するための軸を抽出し、それに沿って再度整理を行う**ことでクライアントに示唆を与えることができます。

日本国内で売上を伸ばすには

	訴求顧客層	コスト	炎上リスク
施策A	シニア層へ効果大	コスト大	炎上リスク小
施策B	若年層への効果大	コスト小	炎上リスク高

繰り返しになりますが、要素を考えるときにメリット・デメリットを用いた検討は有効ですが、それをアウトプットとしてクライアントに提示するのは間抜けです。

必ずそこから軸を抽出しそれに沿って評価した結果を出すようにしましょう。

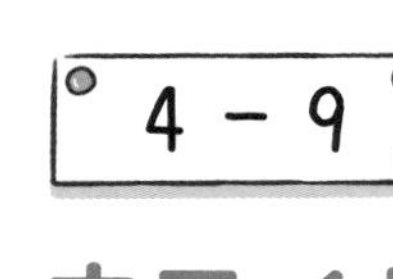

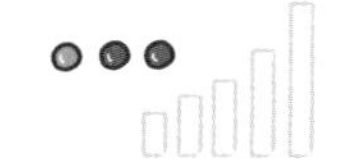

ホワイトボードはコンサルを成長させる？

ホワイトボードを背にして立て

太陽を背に立つべしと宮本武蔵の五輪の書では書かれていますが、**ホワイトボードを背にして立つのはコンサルタントの必勝の型**です。

ホワイトボードはコンサルタントにとっての舞台であり武器です。

社内であれ社外であれ、ミーティングではホワイトボードの前に陣取るのがセオリーです。特に上司やクライアントの前ではホワイトボードの前に立つ姿勢を見せましょう。

ホワイトボードの前に立つ以上、話している内容を書く立場になるわけですが、思考や理論の構造がホワイトボードにそのまま表れます。

説明している内容が理解できているかが一発でバレるので、これは大変恐ろしいことです。

時には上司に書いている内容が違う、上手く整理できていないとボコボコにされたり、ホワイトボードマーカーを奪われるかもしれません。

◎ ホワイトボードがコンサル思考を成長させる

それでも、ホワイトボードの前に立って**思考をさらけ出す**ことでしか成長できない部分もあります。自身の成長のためにも、恐れずに勝負の場に立ちましょう。

コンサル業界では、そういう**気骨ある人間を愛でる文化**があります。最近はウェブ会議が増えましたが、画面共有してホワイトボードのように使えるアプリでペンを持てばホワイトボードの前に立っているのと同様です。言われる前に既にホワイトボードの前に自主的に立ち、**その場を支配することを狙ってみましょう**。

4－10 コンサルの思考法と仕事術

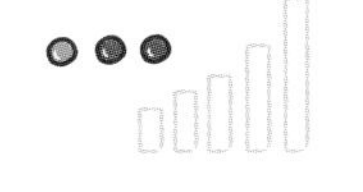

パワーポイントでの書類作成を早くする工夫とは？

コンサルタントのことをパワポ屋と揶揄することもありますが、報告書作成で主に使うツールはパワーポイントであることは事実です。

紙芝居みたいなものですが、文章＋絵で表現できるため説明しやすくて便利なツールです。使えないとコンサルタントとしては話にならないので慣れましょう。

さて、パワーポイントでの資料作成には大量の時間を使うので、なるべく作業自体は早くしたいところです。ここでいくつかコツを解説するので、覚えていってください。

❶ 先にイメージを固めてからパワポ化

いきなり矛盾するようですが、パワーポイントによる書類作成を早くするためには、**事前に資料のイメージを固めておいてそれをパワーポイント上で表現する**だけの状態にしておくことが重要です。

先に、紙やホワイトボードでどんな資料にするかを決めてから作り始めましょう。資料を作成する際にイメージもなくパワーポイントを起動すると、試行錯誤に時間をどんどん吸われてしまいます。

手書きで良いのでパワーポイントのイメージを作り、できれば上司にイメージを確認してから実際のパワーポイントの作成に入りましょう。

❷ メッセージを決める

パワーポイントはメッセージを伝える手段であり、メッセージが主、グラフや表等（ボディと呼ぶ）は従です。よって、**必ずメッセージから書く内容を決めましょう**。

研ぎ澄ませたメッセージと、それを支えるボディという順番にしないと時間がかかるばかりか、メッセージがぶれて資料の訴求力が下がります。

おすすめの手順は、まず文章を書き、それを分解して各ページのメッセージにすることです。

元が一連の文章なので、メッセージ間のつながりもスムーズになります。

❸ パワーポイントの型を覚える

コンサルタントが使うパワーポイントのページ構成は、多くのパターンはなく、長い間研鑽されてきたことで収斂進化(しゅうれんしんか)しており、どのファームでも同じような構成パターンの資料を使っています。

昔はよく同じファームの昔のプロジェクトの報告書を見ることをおすすめしていましたが、最近は情報セキュリティが厳しくなり自分が関わっていないプロジェクトの報告書は入手しづらくなっています。

リーダーに資料をもらうか、公共案件で省庁が公開しているコンサルが作成した報告書等を読んで型を覚えましょう。

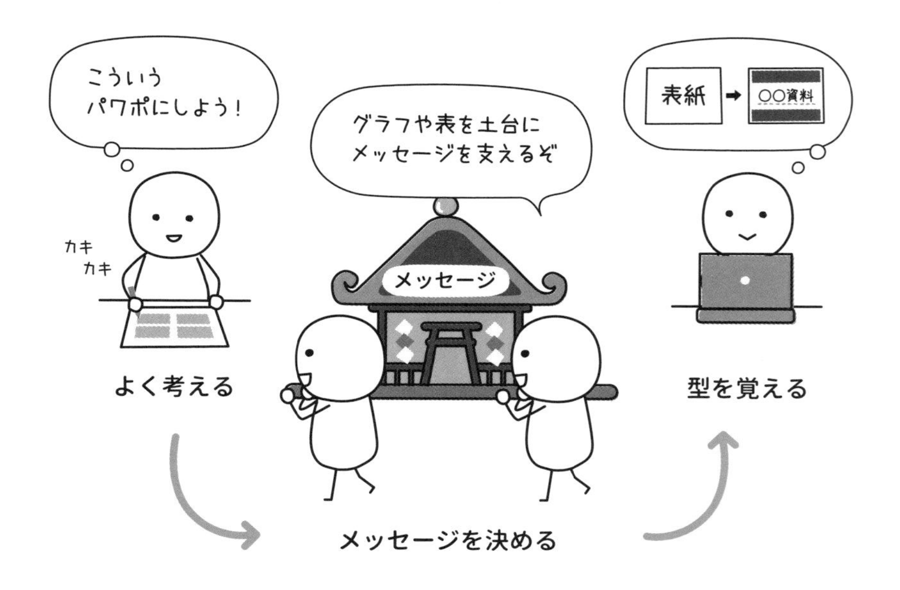

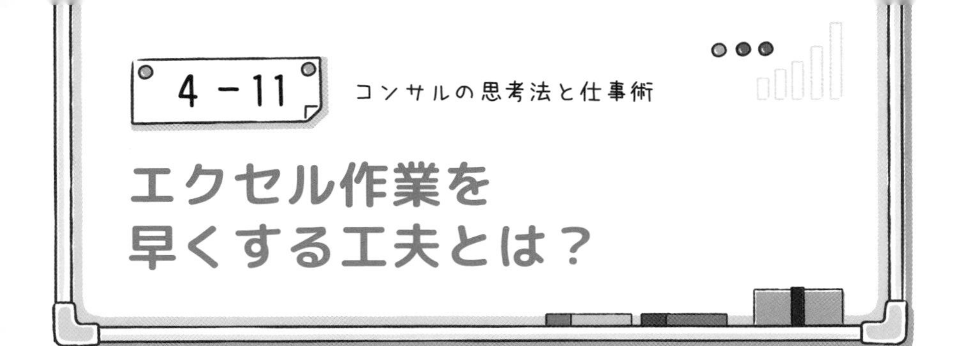

エクセル作業を早くする工夫とは？

マウスを使わずショートカットを多用しよう

キーボードでセルの移動と選択を行い、**ショートカットを使用**することでエクセル作業自体は早くなります。

特に重要なのが**セルの移動と選択**で、マウスでスクロールするのとctrl＋矢印で移動するのとでは段違いに作業時間が早くなります。

ただ、パワーポイントでもそうですが、エクセルもいきなり表を作り始めるのではなく、全体の作業イメージとシートの構成をあらかじめ考えてから作業に入るのが最も大事です。

事前に構成を考えておくことで手戻りやミスが減り、トータルの作業時間を削減できます。エクセルシートのルールやフォーマットを設定しているコンサルファームもあるので、それに倣いましょう。

VBAやマクロは使えるに越したことはないですが、コンサルタント程度の情報処理量の場合は使えなくても事足りるケースが多いです。

◎ 自分がやりたいことを言語化し適切にググる力

関数も主要なもの以外は使い方を覚える必要はなく、都度ググる程度で特に問題ありません。

エクセルを使っていて作業がめんどくさいなと思ったら、大半は**ググると解決策がネット上にあります**。同じくめんどくさいと思った先人に感謝しつつ知恵を借りましょう。

どの仕事でも言えると思いますが、大事なのは**アウトプットのイメージを認識し、それに辿り着くための作業を組み立てる**ことです。

イメージなくいきなり作業に入るとだいたい詰むので気をつけてください。

マウスを使わないって本当？

「マウスを使うな」派は結構な数存在

コンサル業界では「**作業が遅くなる原因だからマウスを使うな**」派は結構な数存在しており、エクセルに関してはキーボード操作の方が明らかにマウスを使うより作業が早いので一理あると私も思っています。

マウスを使うためにキーボードから手を離す必要があり、マウスとキーボード間を手が往復している時間が無駄だという意見も聞いたことがあります。

過激派だと新人教育の際にマウスを取り上げて作業したり、トラックボールの球を隠されるなんて話もあるくらいです。

コンサルタントはクライアントに時間単位でチャージするので、作業時間を短くするのは正義であること、クライアントの前で作業する際もスムーズに作業している方が見栄えが良くプロフェッショナルに見えやすい、というのが根本的な理由になっている認識です。

一方、私は「パワーポイントの作業時はマウスとキーボードを併用した方が早いのでマウス使っても良いじゃん」派です。

左手のショートカットと右手のマウスの併用がキーボードのみより早いと信じていますが、自分なりの最速を追求していきましょう。

余談ですが、個人的にはマウスではなく**トラックボールを推奨**しています。マウスに比べて作業スペースが少なくどこでも作業できる、無線トラックボールならプレゼン時にスクリーンの横に立っても容易に操作できる、手を動かさないので肩が凝らない等がおすすめする理由です。PCに付属するトラックパッドやタッチパネルでも作業が早ければ問題ないので、自分に馴染むガジェットを探してみるのも良いでしょう。

4－13 コンサルの思考法と仕事術

構造化ってどうやるの？

構造化とは、構成要素の規定とその関係性の記述

ロジックツリーに代表されるように、**物事が何でどんなふうに構成されているかを記述**できるようにすることが**構造化**です。

構造化ができれば、**各構成要素を個別に解決**することで大きな目的を解決することができるようになります。

複雑な論点も、きちんと構造化すると意外と簡単に解決可能になったりするわけです。この**構造化スキルはロジカルシンキングを構成する重要なスキル**です。

◎ 構造化の基本はMECE

構造化における構成要素の規定は、後述する**MECE**（ミーシー）（漏れなくダブりなく）になっていることが望ましいです。

基本は因数分解なので、日ごろから物事が何で構成されているかを考える訓練は積んでおきましょう。

例えば、売上の構成要素は単価と個数に分解され、個数は代理店経由と直売に分解され…という感じで物事は構成要素に分解可能です。

分解する際は、

「解決策を考えるために必要な粒度まで分解する」

「分解する際の同ランクにあるものは同じ粒度で揃える（例えば、果物とりんごを同じランクに入れない）」

ということは意識してください。

構成要素の関係性は、並列、包含、因果等で記述されます。

構成要素分解のイメージ

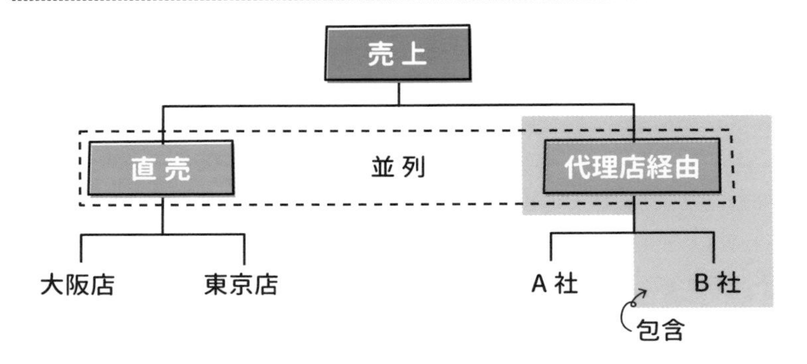

並列は同じ粒度のものが複数存在することを言います。

包含は上位の概念の中に下位の概念が含まれる、**因果**はある要素が他の要素の原因になっているという関係性です。

先ほど語った構成要素の分解は、上位の概念に包含される下位の概念を漏れなく抽出し、それを並列に並べたものであると言えます。

冷静に身近なもので試している分にはなんてことないのですが、ビジネスで複雑な問題になってくるとこの構造化ができずに検討がスタック（立ち往生）しているケースがよく見られます。

複雑な問題を単純な問題に分解し、それらの構造を明らかにし、各個撃破していくことで問題を解決することは、コンサルタントの基本動作にして奥義であると言えるでしょう。

4－14 コンサルの思考法と仕事術

MECEとはどんなもの？

コンサル思考の主役MECE（ミーシー）

MECEとは、Mutually Exclusive and Collectively Exhaustiveの略で、相互に排他的で、かつ網羅（もうら）的であるということです。

よく使われる言い方だと、「**漏れなく、重複なく**」あるいは「**漏れなく、ダブりなく**」と表現したりします。

構造化で要素を分解する際に、MECEに切り分けるというのが主な使い方です。

例えば「食べ物」を分解する際に、「肉」「魚」「穀物」だけだと野菜や果物が抜けてしまい、検討に漏れが発生します。

また、分解の際は粒度を揃えるようにしましょう。

「肉」「魚」「牛肉」という包含関係を持つものを並列に並べてしまったりすると、構造が正確に表現できません。

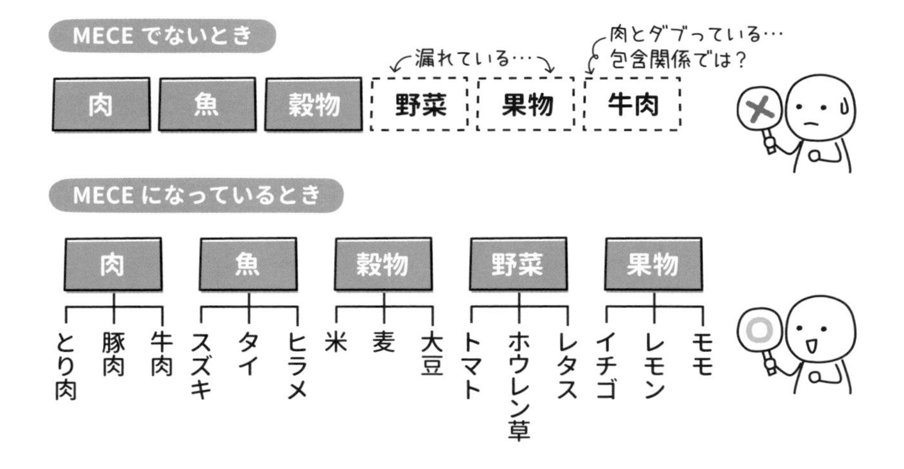

MECEはクライアントのために必要

MECEであるということは、**要素を全て考えつくしたというクライアントに対する保証にもなる**ためコンサルティングにおいて重要視される概念です。

逆に言えば、クライアントが納得していればMECEである必要は必ずしもなく、細かな要素は無視してMECEのように見える状態になればOK、という状況も存在します。

また、MECEに切り分けてもそれが構造の把握や分析に対して意味がなければ、無駄な事だと考えられます。

MECEに物事をとらえられるようになった後に、MECEに捕らわれることなく、MECEを活用できるようになりましょう。

型を守る→型を破る→型から離れるという順で成長する、守破離みたいなものですね。

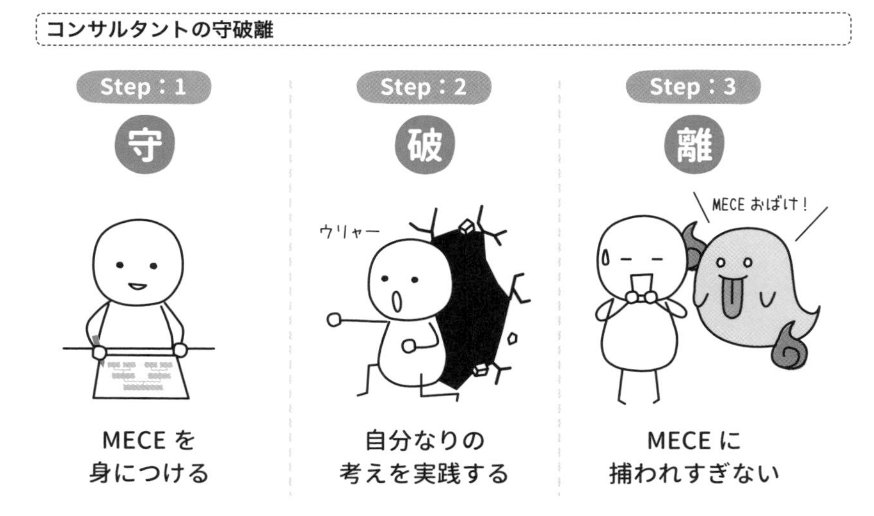

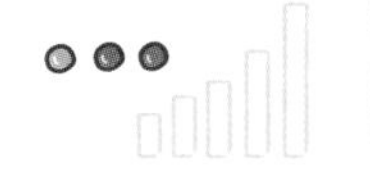

仮説はどうやって立てる？

仮説は経験値を上げればアタリがつく

コンサルティングのプロジェクトは、論点に対して仮の答えを立てる**仮説生成パート**と、それが合っているかを検証していく**仮説検証パート**で主に構成されます。

理系学部出身のコンサルが比較的多いのは、研究経験が多い理系のコンサルはこの手法になじみがあるからだと言われています。

◎ 論点を検証していく「仮説検証パート」

仮説検証パートは、構造化した論点をそれぞれ検証する手段を考えて検証していくのですが、事前にアプローチを定義しやすいためリスクを抑えることができます。

そのため、戦略系のプロジェクトでは**提案書の段階で仮説を提示**し、**それを検証するプロジェクトを提案**する形が多いという認識です。

一方、この論点に対しての仮説がなかなか思いつかないというのは、コンサルタントが成長する際の１つの壁になっています。

ベテランになると自然とこの仮説を立てられるようになります。

類似の論点を解決する経験が豊富になり、仮説を自然と類推ができるようになるからだと考えています。

その業界の歴史や他業界の過去事例との類似性から、論点として押さえるべき変数や要素（ドライバー）と仮説が見えるようになります。

◎経験を補うために読書をするべし

コンサルタントは本を大量に読めとよく言われるのも、**様々な事例を自分の中に収集・蓄積することで仮説を立てやすくなる**からだと思っています。

現代では適切なキーワードで検索すれば容易に知識のプールに辿り着けるようになりましたが、何かを考えるために組み合わせる原料は都度仕入れる（調べる）のではなく、自分の中に蓄積しておく必要があります。

経験不足を補うためにも、知識を自分の中に蓄積することが重要です。

若いうちから多くの本を読み、様々な分野に触れておきましょう。

4－16 コンサルの思考法と仕事術

外部環境の調査とはどんなことを求められているか？

外部環境とは市場と競合の動向

「○○業界の**外部環境の調査**をしておいて」、と雑に上司から仕事を振られることがあるかと思います。

その場合、まず調査の**目的を確認**しましょう。何のために外部環境を分析するのかによって、必要な情報は異なります。

一般的に多くの場合、**外部環境とは市場と競合の動向**を指します。3C分析が自社(Company)、顧客(Customer)、競合(Competitor)に関して分析することなので、市場と競合＝3C分析の自社以外です。

◎ 市場全体の推移を調べる

この場合、まず**市場全体の推移**を調べます。大事なのは、市場がどれくらいの規模で、年何％くらいの変化をしているかです。

変化は**年平均成長率**（CAGR:Compound Annual Growth Rate）で、表現することが多いので覚えておきましょう。

過去の市場規模の推移は、多くの場合、市販のレポートや統計データから取得できます。

将来の予測に関しては、レポートの推計を採用する、あるいは過去の推移が継続するものとして推計することが一般的に行われます。

もちろん、将来大きな変化が予測できる場合は、それを用いて推定をかけることもあります。

市場規模の推移を分析したら、その変化を起こしたイベントが何かは確認しておきましょう。

社会情勢の変化が起こった、画期的な製品が販売された、法規制が変化した、等の理由によって市場規模が大きく変化している場合、今後同様のイベントが市場規模に大きな影響をもたらす可能性があります。

市場が変化する変数や要素（ドライバー）の一部は、こうして見つけることができるでしょう。

◎ 市場内の大手企業の動向と戦略を見比べ類推する

競合に関しては、その市場に所属する**大手の企業の動向**を中心に見ていきましょう。

日本国内の市場であれば、中期経営計画や有価証券報告書、決算説明会用の資料には、その企業の戦略や今後の狙いが記載されています。

海外の企業でも、マニュアルレポートや雑誌・新聞記事からその動向を探っていくことが可能です。

市場の中で大きなポジションを占める企業がどのような戦略をとっているかを記録して見比べると、その市場では何が重視され、何を持っていると強いのかが類推できるようになります。

これらの情報を収集したら、外部環境の分析で得られた知見から主張したいメッセージを定め、情報を再配置していくとレポートができ上がります。

何のためにその分析を行うのかという点を意識しながら上記の過程をベースに必要な情報を追加で収集していけば、概ね外部環境の調査目的は達成できるでしょう。

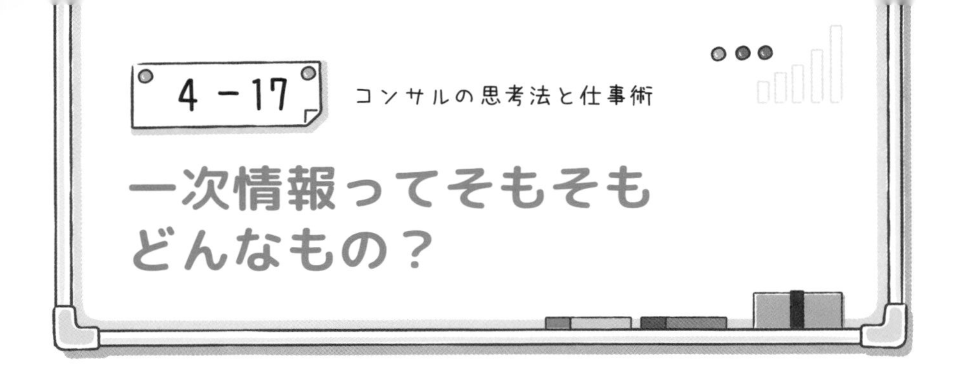

一次情報ってそもそもどんなもの？

自分自身が調査・観察・体験した情報のこと

一次情報とは、自分自身が**直接調査・観察・体験した情報のこと**を指します。

つまり、自分が現地に赴いて調査を行ったり、実際に会社や業界に関わっている人から直接聞いた情報などが一次情報になります。

一方、二次情報とは一次情報を得た人からの情報です。

例えば、新聞や書籍、インターネット上の記事やレポートなどが二次情報になります。

公的な統計情報はこの定義だと二次情報として整理されますが、信頼度が高いため一次情報として扱う人もいるので、そこは文脈で判断してください。

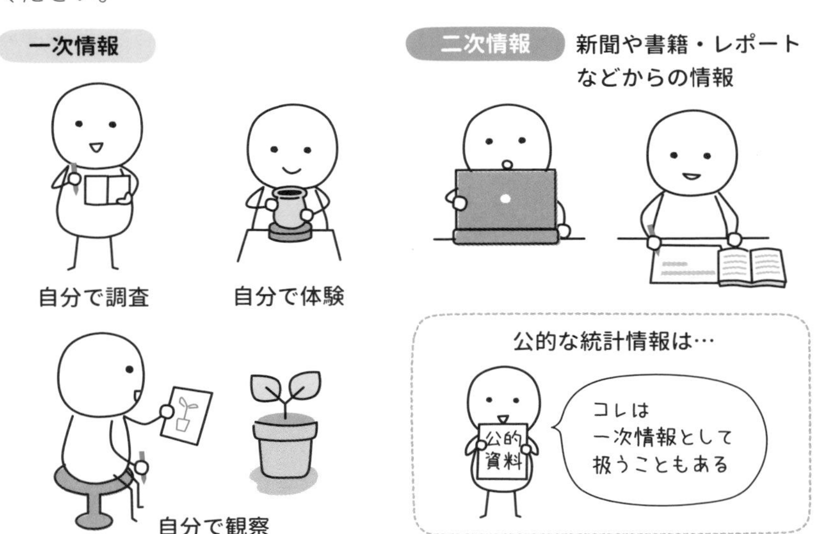

例えば、近所に新しくできたお店に実際に自分が行って得た情報は一次情報です。

一方、そのお店に行った人から聞いた感想は二次情報にあたります。二次情報は観測者の感想が入るほか、その人のフィルターがかかって情報の量や質が減衰することが大半です。

また、料理の味に注意を払う人からの二次情報は、お店の料理の味に関する感想は豊富ですが、お店の雰囲気に関する情報は書かれていないということがよくあります。

コンサルタントであれば、なるべく一次情報を取りにいくことを心がけましょう。

クライアントが運営している店舗を見にいくだけで、クライアントから説明を受けるより遥かに大量の情報を直接得ることができます。

「**現地現物が大事**」という言い方をしたりもしますね。

二次情報を用いる場合は、そこが引用している元の情報まで遡って確認しましょう。

例えば、雑誌記事で「○○より引用」という図表が使用されていた場合、元となる○○を確認しにいくと、雑誌が一部の情報だけを用いて本来意図した情報とは違う形に加工されている、ということもあるからです。

一次情報を取得することを心がけ、二次情報を使用する際も**情報源を確認しにいく姿勢**は、コンサルタントに限らず仕事では必ず役に立ちます。ぜひ身につけてください。

5章 コンサルの仕事をさばくコツとTIPS

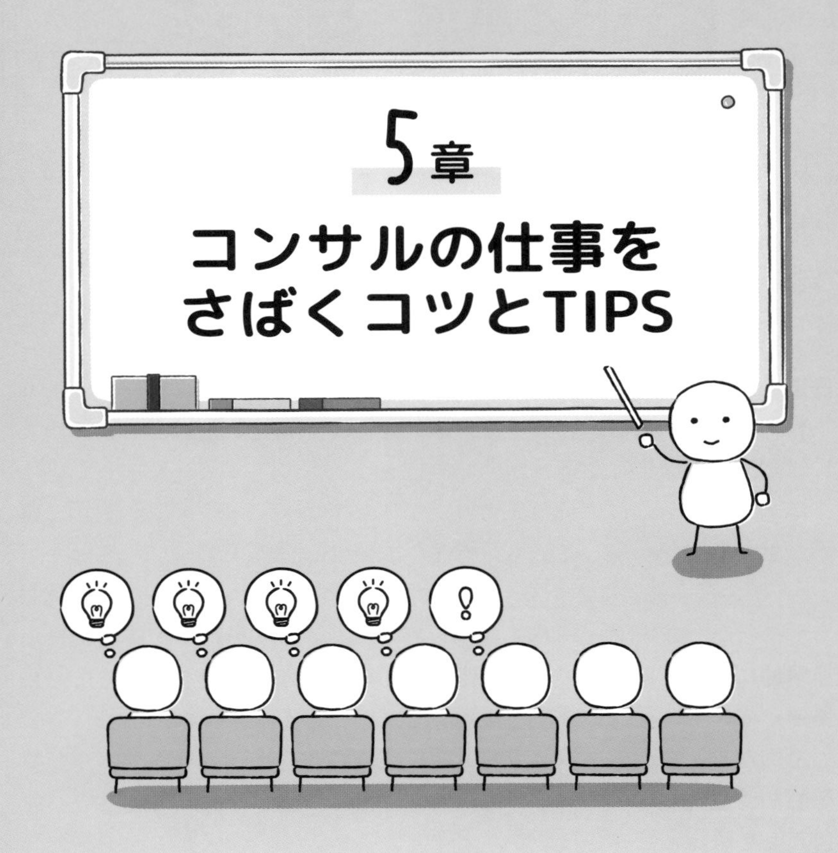

この章では仕事のちょっとしたコツを扱います。
コンサルに就職して仕事にも少し慣れ始めたあたりで気になることや、さらに仕事の範囲を拡大する際に役立つTIPSを書いたので、困ったときに読んでみてください。

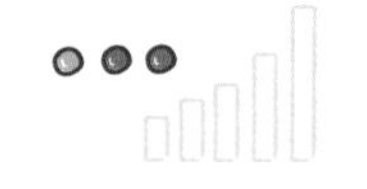

5－1 コンサルの仕事をさばくコツとTIPS

スピードと精度、どちらを優先するか？

未熟なうちはスピードを優先しよう

精度をおろそかにして良いわけではないですが、優先度を比較すると**圧倒的にスピード**です。

特に未熟な間は基準とする品質の判定自体が難しいため、わかりやすいスピードを優先したほうがいいでしょう。

本人が時間をかけて精度を上げたつもりでも、マネジメント側から見ると全く精度が不足している可能性が大いにあります。

「下手の考え休むに似たり」とは本当によく言ったものだと思います。

そのため、まずスピードを重視してアウトプットを作り、締め切りより**早めに内容を確認して「方向修正」が可能な作業計画**を立てることが重要です。

上司がマイクロマネジメント気味に成果物をレビューするタイミングを細かく設定するのも、早めに方向性を見て間違った方向に走っていないことを確認したいからです。

◎ 〆切直前の的外れな資料は致命的

レビューを早い段階で設定し、粗い状態の資料を見せたら叱られるかと心配になるかもしれません。

しかし、上司からすると締め切りまでの時間がない状態で的外れな資料が出てくる方がはるかにダメージが大きいです。最終的に上司がため息をついて巻き取る展開になるパターンです。

ミーティング直前のレビューで、マネジメントから見て90点を一発で叩き出したいなら、マネジメントと同格の能力がないとほぼ無理です。

悪いことは言わないので、細かくレビューを設定して、徐々に点数を上げていく方向に切り替えましょう。

そして、その1回1回のレビュー間を走るスピードが重要になるわけです。

一太刀で仕留められる達人ならともかく、未熟なうちは何度も空振りしながらも最終的に仕留めにいけるように、スピードを身につけましょう。

未熟者には二の太刀、三の太刀を振るための余裕が必要です。

そして、**その余裕はスピードの速さ**から生まれるのです。

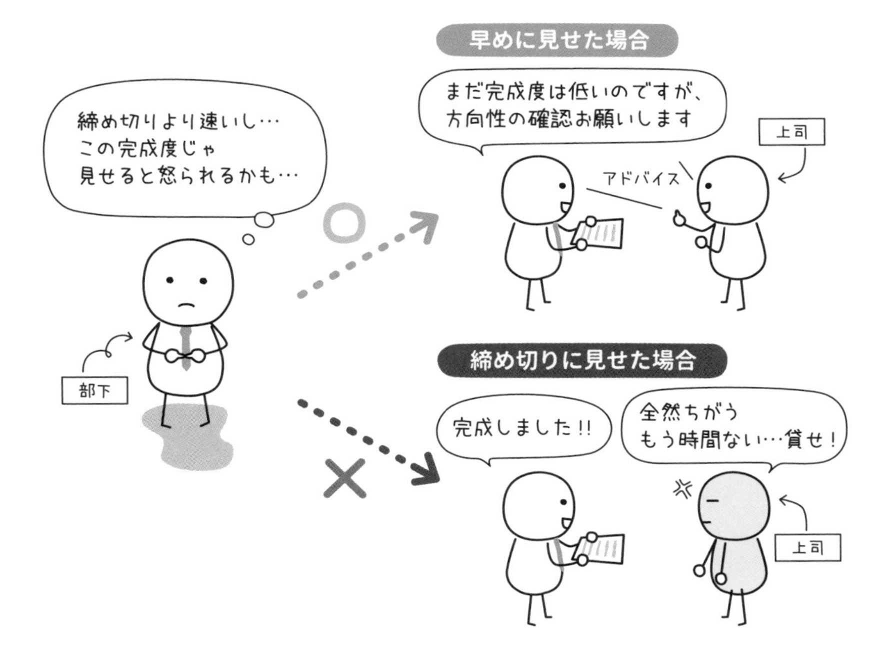

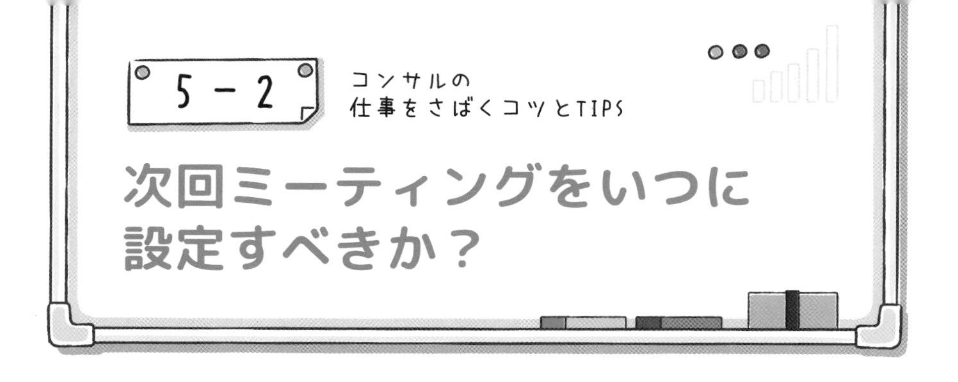

次回ミーティングをいつに設定すべきか？

ミーティング中に次の日程を決めておく

次回のミーティングの日程は、遅くとも**現在のミーティングの最中には設定**すべきです。できれば、その先の日程も押さえましょう。

デートの予定と一緒で、解散までに次回の日程を握っておけばその後もスムーズに進みます。

クライアントとのミーティングの場合、どれくらいの頻度で行うかはマネジメントのスタイルやプロジェクトの内容で異なりますが、クライアントに負担がない範囲で高い頻度で設定することをオススメします。

◎ 最初に当面のスケジュールを押さえるのも手

特に、クライアントのポジションが高い、あるいは社内のパートナーの出席が定期的に求められる場合、先に日程を押さえておかないと予定がどんどん埋まります。

日程が合わずに必要なミーティングができないという事態はかなり無駄が大きいので、それを避けるためにも**日程は先々まで事前に押さえる**ことが肝要です。

身内のレビューも高頻度に設定する

ファーム内のレビューもできれば高頻度に設定しましょう。

前項のスピードと精度の項でも語りましたが、細かく進捗を共有して作業の方向を間違えないようにすることが手戻りを減らし、最終的な資料のクオリティを高めることにつながります。

◎ 慣れないときは毎日レビューしてもらう

さらに踏み込む場合は、午前午後1回ずつくらいの頻度でミーティングをセットしましょう。こちらも事前に予定を押さえる必要があることは言うまでもありません。

特に初動のミーティングはなるべく早めにセットした方がいいです。例えば1週間後のミーティングに向けた資料作成を依頼された場合、スケルトン（骨子）を作成してイメージを確認するのは**依頼を受けてから数時間程度で行う**ことがベターです。

人によってはあらかじめスケルトンを作成して依頼してくれることもありますが、その場合でも数時間作業してみて感触をフィードバックする方が望ましいです。

そこで間違っていなければ、しばらくこの方向で走っても大丈夫だと双方安心できます。

次回のミーティングはすぐに設定しておく

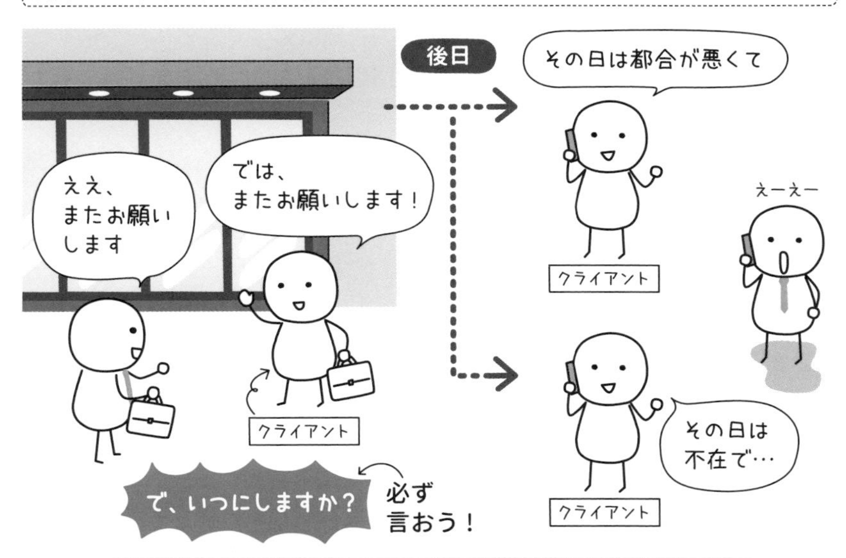

子どもの頃のように「またねー」では話が進まない！

5－3 コンサルの仕事をさばくコツとTIPS

上司から仕事を受けるときに気をつけることは？

必ず聞くべき3つのこと

上司から仕事をうけたときは、**ゴール（完成形）の把握**と**アウトプットイメージのすり合わせ**、そして**締め切り及びスケジュールの設定**が重要です。

◎ ゴール（完成形）の把握

まず、上司からの依頼内容のゴールを正確に理解することが大切です。

上司からの依頼内容に対する理解が曖昧だったり、不明確だったりすると、仕事の進め方が定まらず、時間や労力を無駄にすることになります。

ゴールを正確に理解するためには、**上司に具体的に質問をすることが必要です**。

依頼内容についての疑問点や不明点があれば、遠慮せずに上司に確認するようにしましょう。

◎ アウトプットのイメージのすり合わせ

ゴールを把握するとき、アウトプットのイメージを描いてみて、上司とすり合わせましょう。

資料のメッセージは何か、表なら縦横が何なのか、グラフならどんな情報をどう整理するか、といった資料の内容に具体的に踏み込んで早めにイメージをすり合わせることが重要です。

上司側から見て最悪の展開は、時間をかけて作業したアウトプットが**イメージと全く違って時間が無駄になること**です。

それを防ぐために上司側もアウトプットのイメージを明確に伝えよう

と努力すると思います。

依頼を受ける側もイメージを自分で書くことでよくわかるとともに、その後の作業のイメージも具体化することができます。

◎ 締め切りとスケジュール

次に、上司からの依頼内容に対して、自分が締め切りまでに**どのようなスケジュールで仕事を進めるのかを明確にすること**が大切です。

どの段階で、どこまでやったものをレビューしてもらうのかをあらかじめ設定すると、上司側も自分も作業に対する見通しが立ちやすくなります。

スケジュールを設定する際は、上司の**レビューを受けた後修正する期間**を忘れずに設定しましょう。上司のレビューを反映してようやく仕事が完遂されます。

以上のように、上司からの仕事を受ける際には、ゴールとアウトプットイメージを明確にして、スケジュールをあらかじめ握ることが肝要です。

逆に言えば、この3点が押さえられていれば上司側を不必要に不安にさせることもなく、信頼を得やすくなるとも言えます。

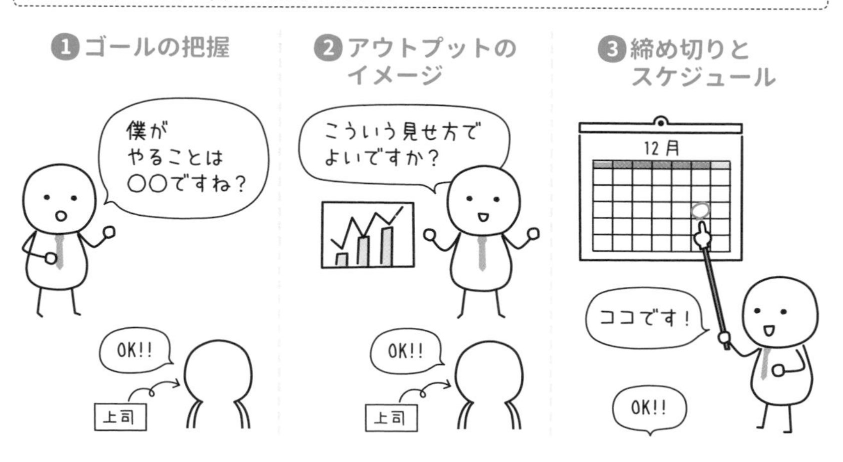

5章

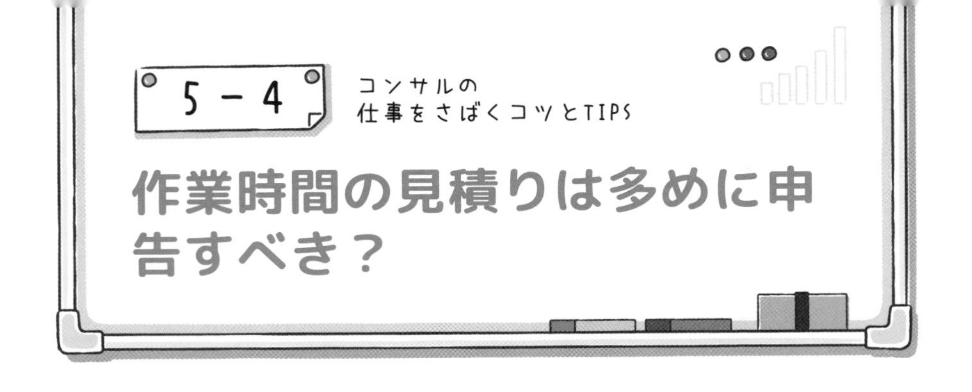

作業時間の見積りは多めに申告すべき？

不安なら若干多めに見積りを申告すべき

コンサルタントとして働く上で、**タスクにかかる時間の見積りは非常に重要な役割を果たします**。

過少に見積もると、タスクが終わらずプロジェクトの進行に支障をきたします。過剰に見積もれば、時間をかけすぎていると認識される可能性があります。

ちょうど終わるくらいの見積もりがベストですが、経験が不足しているうちはタスクにかかる時間の正確な見積もりは難しいです。

多めに作業時間を見積もっておけば、早く提出することは可能なので、**多めの作業時間を設定すること**をおすすめします。

特に慣れていない業務や初めての業務に関しては、不測の事態が起こる可能性もあるのですから。

自分で作業時間を見積もって締め切りを握り、そこまでに終わらない状態は信用を失います。

最終的な信頼の獲得という観点からも、若干多めに作業時間を取ったうえで締め切りより早めに出すことをおすすめします。

5-5 コンサルの仕事をさばくコツとTIPS

締め切りに間に合わなさそうなときどうする？

とにかくマネージャーに報告する

スタッフクラスの人は、タスクの締め切りに間に合わないと判明した時点でマネージャークラスに伝えましょう。

報告が早ければ早いほど打てる手が増えるのでベターです。その際、進捗やかかりそうな時間、自分で対処できない箇所などを一緒に伝えるようにしましょう。

対策は思いついていなくても、まずは報告です。優先順位や対策、追加のリソース確保はマネージャークラスが考えてくれるはずです。

最悪のケースは「できてないのに締め切りが来てしまった」状態なので、それだけは何としても避けましょう。

◎ 言いづらいが言わないより100%マシ

締め切りに間に合わないことを報告すると、能力を疑われるのでは、と伝えづらいかもしれません。

しかし、それを伝えずに時間切れになるのは、能力以前にコンサルタントとしての信用がなくなります。勇気を出して告げましょう。

マネージャークラスは、そうならないように管理していくのが仕事です。

間に合わないことが判明した場合には、自分が徹夜する、周囲に相談してリソースを借りる、クライアントに謝って今回のゴールラインや締め切りをずらす、等で対処しましょう（マネージャークラスまで来た人はだいたい対処法が身についていると思うので、ここでは特に詳細は語りません）。

繰り返しになりますが、最も大事なことは**締め切りまでに成果が出ていること**です。

自分に対する評価や評判はいったん置いておき、そのプロジェクトの成果が最大限発揮されるように動きましょう。

できないと思ったら即周りに報告して協力を要請することも、その一環だと思っています。

間に合わないことを報告したとき、しなかったとき

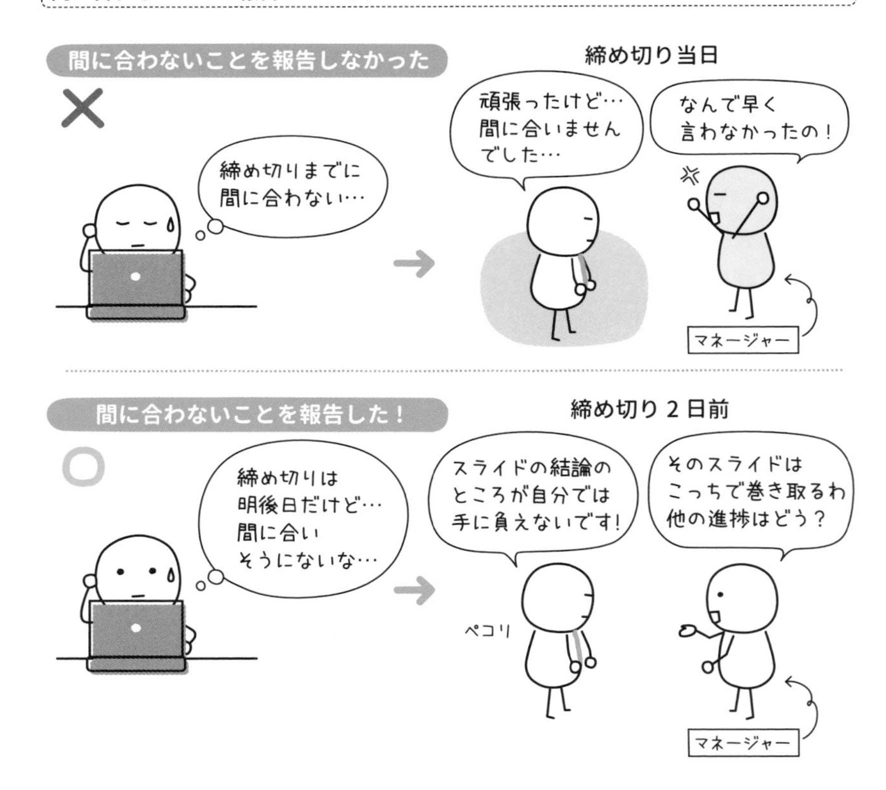

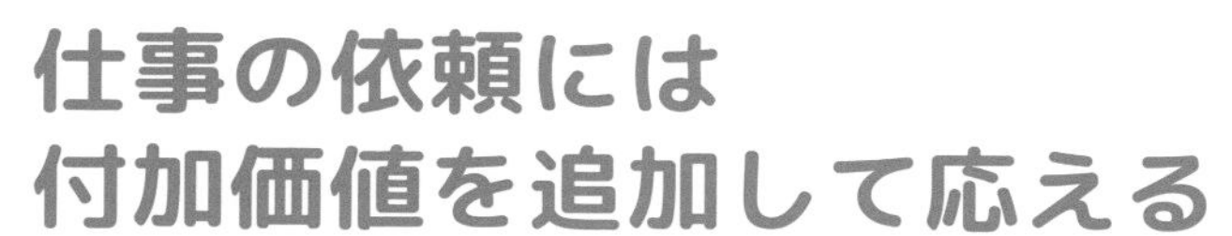

仕事の依頼には付加価値を追加して応える

プラスアルファ＝あなたの付加価値

依頼内容に対して、**プラスアルファを足して返す**ことがあなた自身の付加価値になりますので、ぜひ足しましょう。

例えばプロジェクトに入って、マネージャークラスからある業界に関する調査の依頼が来たとします。

締め切りまでにその業界を調査して示唆を提示する、というのは期待値通りの行動です。

依頼された仕事を予定通りにこなすのは期待値を満たせているという点ではよいのですが、逆説的に言えば「普通」の成果となります。

一方、締め切りまでにちょっと工夫して他の類似業界と比較してみたり、業界の沿革を長期で見てトレンドが変化するドライバーの仮説を添えてみたりすることで、**プロジェクトに対してマネージャークラスが期待した以上の付加価値を与える**ことができます。

それこそが**「あなたの」付加価値**でもあります。

誰がやっても同じ仕事に、あなたがやる意味がそこに加わったということです。その付加価値の積み重ねがプロジェクトの成果とクライアントの満足感につながり、ひいてはあなたの成長と評価にもつながります。

スタッフクラスだけでなく、マネージャークラスやパートナークラスになっても同じように自分の付加価値を出すことを考えています。

どのランクであっても、コンサルタントとしての自分の存在意義を示していくためには、**依頼されたことに対してプラスアルファを添えて返す**ことが必要なのです。

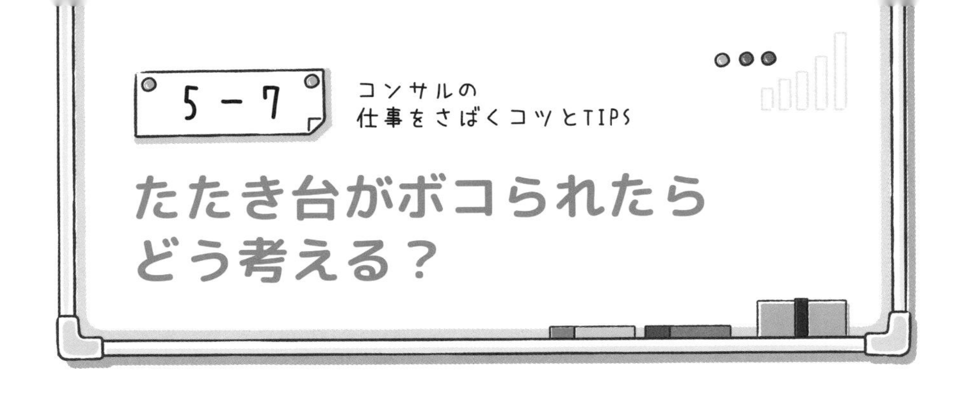

たたき台がボコられたらどう考える？

誰でもあること、過度に落ち込むな

「とりあえずたたき台作ってみてよ」という軽い感じで依頼され、たたき台を作って社内ミーティングに持って行ったら、原型がなくなるほどボコボコにたたかれた経験は誰しもあるかと思います。

◎ たたき台は意見を引き出すためにある

作った**たたき台を徹底的にたたかれたら、それは逆に誇れること**と考えましょう。

たたき台は参加者の意見を引き出すための触媒なので、たたく意見が大量に出たらそれで役割を十分果たしているといえます。

まともなファームであれば、おそらく「たたき台を作るやつが一番偉い」という価値観が共有されていると思います。

たたき台は0→1を作り出す作業であり、一番大変な部分で価値ある行為だからです。

特に言われなくても自主的にたたき台を作って持ってくる若手がいると、出来はともかくそれだけでマネージャークラス以上からは評価が上がること請け合いです。

さらに、全力で作ったたたき台をたたかれる経験は、自身の成長にも有用です。色んな人がどんなことを考えて資料を作っているか、どんなメッセージを伝えたいのかをまとめて情報収集できるからです。

繰り返しになりますが、**たたき台はたたかれるためのものです**。

ボコられても落ち込む必要はなくむしろ胸を張りましょう。本当にたたく価値がなければ、たたく前にミーティングを解散するはずです。

5－8 コンサルの仕事をさばくコツとTIPS

議事録はどう書くと良いか？

予見した内容の補足を書き込んでいく

議事録は、最終的には事前に議論の展開を予想して作成しておき、その予見した内容の修正や補足をミーティング中に書き込んでいく、という書き方に到達することが望ましいです。

◎ 議事録の種類を見てみよう

いったん議事メモ、議事録、逐語録（ちくご）に関しての定義を行いましょう。

議事メモは、自分用のミーティングの記録です。

議事録は、社内や社外で保管・閲覧されるミーティングの内容が要約された記録です。

逐語録は、発言者と発言内容が一言一句正確に記された記録です。

このうち、逐語録は公共系の案件等で必要となるケースがありますが、一般にはあまり使われません。

会議の発言を全て読み返すのは手間なので、通常は議事録が求められます。

議事録は要約された記録なので、要約した人の考え方も取捨選択して反映されています。

議事録を書くのに必要な要素

議事録を書くにあたり、一番最初に「**次にやるべきこと**」と「**議論内容の要約**」が記載されていることが望ましいです。

これは忙しい人が読んだ際に（往々にして偉い人は忙しいのです）、全部読まなくても概要とやるべきことを掴めるようにするためです。

記載する順番を含めて大抵のファームで議事録のフォーマットがあると思うので、基本はそれに従いましょう。

また、議事録を書く際に議論の構造は意識しましょう。話題ごとに内容がまとまっている必要があり、その話題ごとに話が細かくなる方向でインデントによる構造化が行われている形が望ましいです。

新メニューの価格決定に関して

- 新メニューの価格は原価率を最大20%として設定したい。
  - 原価高騰の影響で収益性を確保するために価格改定を行っていく必要があるが、その際の価格設定の方針として原価率 20%以下を維持したい。
    - 新メニューの価格設定は競合他社比で 10%程度の差分に設定したい。
    - 競合も同様に価格改定を行っている最中なので、それを見ながら調整する必要がある

発言内容をどこまで要約するか、また口語から文語に修正するかは、そのミーティングの目的や雰囲気を伝えるかどうか、調整が必要な部分です。

ただ、経験的には口語の生々しさも必要な場面が多いので、迷ったら口調を含め生々しく記録しておく方が迫力が出ます。

読んだ人が会議の空気感を感じられる議事録は、状況の共有方法として有用です。

議事録を直されたらそこから学べ！

特に入社したての頃に、議事録を作成してシニアコンサルタントやマネージャーに提出すると原型もないほど修正されて返ってくることが多々あります。

自分が書いたものと上司が書いたものにどんな差があるのかを読み取り、次回は同じ修正をされないように心がけましょう。

なぜその修正をしたのかを聞くことも大事です。

誰もが通る道ですので、ボコボコにされてもあまり凹まずスキルアップする機会だと思って吸収していきましょう。

慣れてくると、ミーティングのアジェンダごとに事前に議論の展開を予想して書いておくことで、議事録を効率的に取れるようになります。

これがこの項の最初に書いた「予見した内容をミーティング中に修正して書き込んでいく」段階です。

慣れてないうちからこんな話の展開になるはずだという予想を書き込んでおくことで、実際の展開との差を確認できて効率的な学習が可能となるので、**ミーティングの内容を予想して議事録を事前に書き込んでおく**のはおすすめです。

事前予想が結構な確率で当たるようになったら、それはもう自分主体でミーティングを回すことができるようになったという証左にもなります。

シャドーボクシングのように、**議事録作成を通じてファシリテーションスキルも磨いていきましょう**。

議事録はいつまでに開示すべき？

議事録は24時間以内に作成し展開する

いくつかのコンサル本でも語られていますが、**24時間以内に議事録を展開する**ルールは概ね妥当だと思っています。議事録の共有は速報性も大事なので、基本的には早ければ早いほど良いです。

前項の議事録の書き方と合わせて、**ミーティング終了時点で議事録を完成させ、その後オフィスに戻る間に送付**してしまうという形が理想的です。

議事録の開示を早くするために、メーラーでメモを取って終了と同時に送る人もいたりします。

正確性を高めるために録音を聞きながら、議事録を作成する人もいるかもしれませんが、時間効率的にかなり無駄が大きい方法です。

逐語録の作成ならともかく、議事録の作成にそんなに時間をかけていてはコンサル商売あがったりです。

最大でも議事録作成自体にかけられる時間は、ミーティングと同程度であることを意識しましょう。

2時間の会議であれば、議事録作成に使える時間はミーティング中を除いて2時間程度までです。逆に言えばミーティング中に作成が終われば、かなり作業時間を圧縮できます。

議事録の作成速度を上げるためには、単純にタイピングの練習も有効です。タイピングが苦手だとすれば、エクセルやパワーポイントのショートカットと並んで基礎スキルとして押さえておくべきです。

コンサル入社前の訓練としても、タイピングソフトでタイピングに慣れていくのは割とオススメです。

5-10 コンサルの仕事をさばくコツとTIPS

インタビューってどんなふうにすべき？

目的の情報を引き出すことが最重要

コンサルでは、その業界に詳しい方にインタビュー（取材）し、仮説を立てる素材にしたり、仮説の検証などに使うことがあります。

◎コンサルが行うインタビューとは？

例えば自動車業界の今後の技術開発の方向性を検討するプロジェクトでは、完成車メーカーだけでなく部品メーカーや大学の研究者、自動車系の協会、あるいは自動車の素材を作るメーカーなど様々な人たちにインタビューを行い、**仮説を作る素材を集める**、あるいは**仮説を検証す**るといったことを行います。

インタビューに臨む際は、**事前に展開を想定**して目的の情報を引き出せるようにするのが最低ラインです。そのためにインタビューの目的や質問内容、相手の背景や立場などを把握し、適切な質問を用意しましょう。

質問を設定する際は、自分の仮説を用意してクローズドクエスチョンとして聞ける状態にしておくことが望ましいです。

◎インタビューを行う目的は？

プロジェクトの序盤に仮説作成の素材を得るためにインタビューを使うと、付加価値が出やすいです。

例えば、本を書くのには時間的制約よりも本人のやる気の問題の方が大きい(仮説)→本を書けない理由はやる気の問題が最も大きいのでしょうか？　みたいな感じで検証をしに行きます。

検証時に１名の意見だけに基づいてプロジェクトを進めるのは、間違っていたときに時間の無駄が発生するので、仮説構築時に素材として入手できるようにプロジェクトのキックオフ時には準備しておきましょう。

序盤にその業界のエキスパートから切れ味の鋭い仮説素材が入手できれば、プロジェクトの成功はぐっと近づきます。

鋭い仮説素材とは、つまり設定した論点に対しての端的な回答です。前述の例だと、本を書かせるために何をしたらいいか？という問いをぶつけたらエキスパートが「本人のやる気の問題」という回答を返してくれたのでそれを仮説とする、という感じです。

◎ どんな手順でインタビューを行うと良いの？

具体的な手練手管としては、最初のアイスブレイク代わりに相手の経歴や業界への印象に関して話してもらうという手をよく使います。

インタビュイー（インタビューを受ける人）にとっても喋りやすいテーマなので、話にはずみがつけやすくオススメです。**相手が気分よく話しながら、徐々に質問内容を深めていくのが良いインタビュー**です。

最終的に相手が考えながら答えないといけないところまで踏み込んで、価値を最大化しましょう。

また、その後再度アクセスしやすくするために、**インタビューの最後に再度連絡してもいいかを聞く**のを忘れないようにしてください。

プロジェクトが進んでいくと、後から確認したい内容が追加で出たりします。ビザスク等のスポットコンサルティング会社を経由する場合は追加の質問が有料だったりしますが、質問するかもと一言声をかけておくだけでもその後のレスの速度が違ったりするものです。

インタビューの手順①

相手の経歴・業界の印象 → 簡単な質問

相手の話しやすいテーマでアイスブレイク
↓
軽い質問で流れを掴む

インタビューの手順②

考えさせる質問 → 追加質問がある場合は連絡してよいかどうか確認

徐々に深いテーマに…
↓
連絡先を聞く

インタビュイーはどう探すの？

スポットコンサルティング会社を活用

かつては人づてに当たったり、特許情報から探したりとコールドコールに近いアポイントの取り方をしていましたが、最近はスポットコンサルティング会社（ビザスクやGLG）を経由して探すことが増えました。

◎ スポットコンサルティング会社経由なら人選がキモ

適切なキーワードを設定して該当する人を探してもらい、リストの中から有望そうな人を選ぶわけですが、玉石混合のリストになっていることが多いので、そこからの選定は経験の差が出やすい部分です。

誰が見てもダメそうな人を外した後は、**業界経験が長そうで、その業界の叩きあげで良いポジションまで行った人を選ぶ**と良い結果が出やすくなります。

事前にメインの質問を先方に投げ、答えられるかどうかでフィルタリングする方法もよく使います。

◎ コールドコールは横のつながりを大切に

昔ながらのコールドコールに近いやり方の場合、〇〇協会等の業界団体へアポイントを入れてそこから紹介してもらう、特許情報を調べてそこから名指しでアポイントを入れる、セミナー講師から同様に探す、といった方法で探していました。

一度それなりの人にアポイントが入れば、そこから横のつながりで紹介してもらうことも可能です。最近は使う機会も少ないですが、いざというときに役に立つので覚えておくと頼りになる方法です。

◎ インタビュイーは数も大切に

インタビュイー（インタビューを受ける人）に関しては、少ないよりは多い方が大概の場合良い結果をもたらします。

同じような話でも、1人しか喋っていないのと複数人が口をそろえて言っているのでは信憑性が段違いです。

予算と時間の許す範囲で、なるべく多めにインタビューをかけて話の確度を上げていきましょう。

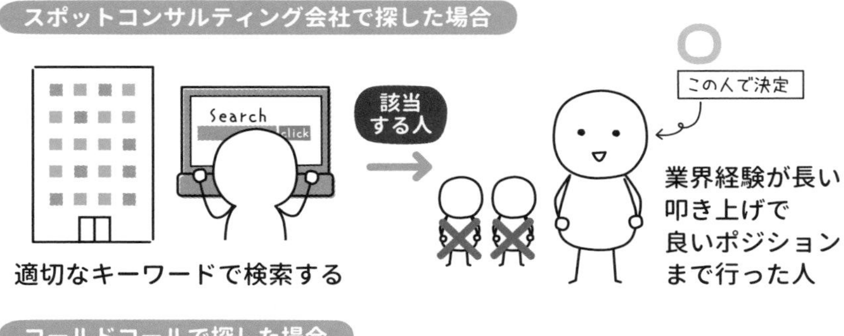

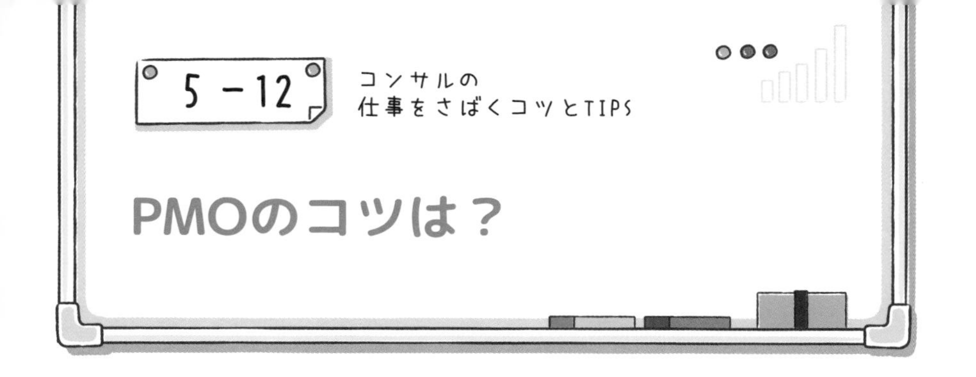

PMOのコツは？

PMO（プロジェクトマネジメントオフィス）

PMOは、プロジェクトをマネジメントする部門のことです。

大規模なプロジェクトになると、**進捗管理のために専用のチーム**が作られることがあり、それを外部のコンサルタントが行うことも増えています。

数人程度のプロジェクトではプロジェクトの進捗管理は**PM**と呼ばれる個人が担当しますが、概ね同じような業務として認識されています。

今回は主にコンサルティングプロジェクトのPMOについて語ります。**PMOはプロジェクトの計画に従い進捗管理**していきますが、コンサルティングプロジェクトの場合は、タスク単位で進捗管理を行うのではなく、事前に**構造化した論点単位で進捗管理をすることが望ましいです**。

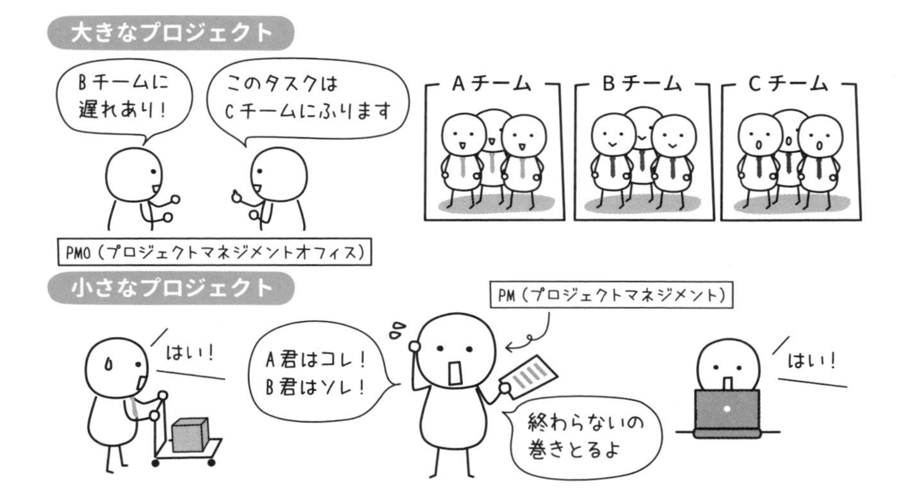

◎ 論点で進捗管理するとはどういうこと？

大きな論点があり、その論点に答えるための小さな論点が構造化されている場合、その小さな論点に答えるためにさらに細分化されたタスク単位で管理すると、コンサルティングプロジェクトでは過剰な管理になりがちだからです。

論点ごとに担当者を決め、その論点が解決したかどうかに関して管理を行うことで個人の裁量を許しつつ、進捗を管理しやすい体制を構築できます。

特に少人数のプロジェクトだとタスク管理で進捗が遅れた場合は個人攻撃につながりがちなので、論点をどう解決するかという視点は忘れないようにしましょう。

論点を解決するためのタスクが行き詰まった場合、その論点を解決するための新たなタスク設計や巻き直しはなるべく全員で行う方が望ましいです。

嫌われ者になりがちなPMO/PMですが、できるようになるとフリーランスとしての活躍の場がそれだけであるスキルだったり、マネージャー以上になるためには必須スキルだったりしますので、若いうちから積極的に経験を積むと良いことがあるスキルでもあります。

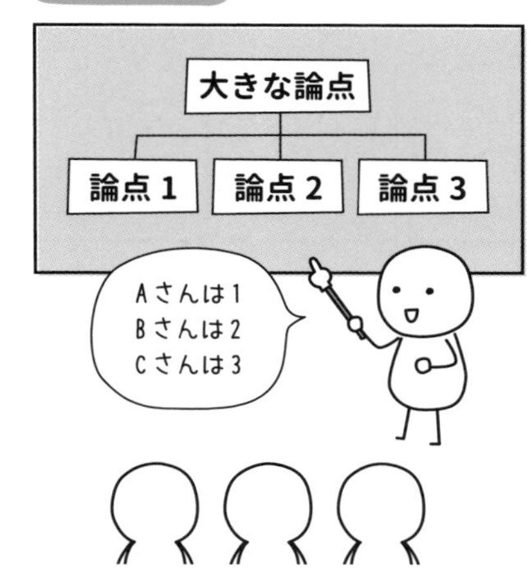

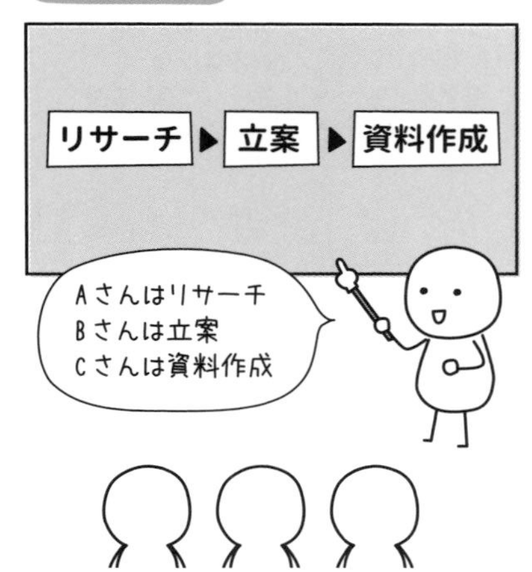

5-13 コンサルの仕事をさばくコツとTIPS

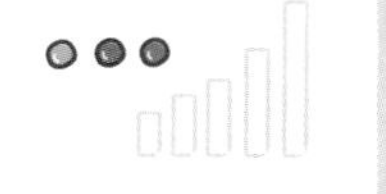

どうチェックすると誤字脱字のミスが減らせる？

誤字脱字をなくす努力はすべき

誤字脱字をどの程度許すべきかという問題がありますが、コンサルティングにおいては、全て許容されるべきではないと考えています。

少なくとも、誤字脱字をなくす努力はすべきです。なぜならば、我々コンサルタントは高級サービスを提供しているからです。

高級ブランドのパッケージに誤字脱字が散見されるとブランドの価値が毀損（きそん）します。「レロックスの時計」とか「ヘロメスの鞄」とか、中身が同じですって言われても同じ値段で買う気はしませんよね。

◎ 誤字脱字を発見する方法はどれがいいか

一晩寝かせた後印刷してチェックするか、**音読する**のがおすすめです。書いた直後は冷静に資料を見ることは難しいので避けましょう。

経験的に作成した同じ画面で見ると、脳が補完するのかミスを見つけづらく、印刷するとミスを発見しやすくなります。

音読は、自分で読むのも良いですが、**音読ソフトを使うと違和感がわかり便利**です。

一番良いのは**他人にチェックを依頼する**ことです。

書いた自分では発見しづらいミスも発見しやすくなります。ついでにわかりづらい箇所に対する指摘を受けるのも有用なので、情報の機密的に問題がなければ初見の人に読んでもらうのも良いでしょう。

誤字脱字は本質的なミスではありませんが、本質ではないからこそそこで損をするのはもったいないことです。防ぎやすい部分なので、対策を打っていきましょう。

5－14 コンサルの仕事をさばくコツとTIPS

論点から作業にどう落とす？

論点が定まったら、検証タスクを設計する

論点が定まった後は、その**論点を検証するためのタスクを設計**することになります。

タスクを設計する際はそのタスクで論点を検証できるかどうか、ひたすらシミュレーションしてみることが有効です。

ありったけの手段を考案しそれをどう実行するか、実行したらどうなりそうかをなるべく具体的に考えてみましょう。

例えば、外食業界を調べるというタスクが与えられた場合、まずそれが**どんな論点を解決するためのタスクなのか**を確認します。

同業界で競合他社と比べた場合の競争力があるかという論点であれば、店舗に行って飲食しメニューを比較検討するという作業や、専門雑誌の記事で比較検討しているものを探す、あるいはアンケートを実際にとって消費者の声を集める、といった様々な手段があります。

そして、各手段を行った際のアウトプットのイメージを思い浮かべ、論点を検証するに足るかどうかを評価していくことになります。

経験が少ないうちはどの手段が最適か判断できないこともあるので、マネージャークラスに聞いてみたり、コストがかからない手段であればまずはやってみると良いでしょう。

実際にやってみると実行した際のコストや手順、結果の出やすさなどが自分の肌身で感じられて後のシミュレーションの精度が上がり、将来他人にタスクを頼む際にも勘どころがわかるようになります。

何事も経験だと思って、**色々な作業を食わず嫌いせず実際にやってみると成長が早くなると思います**。

論点から落とし込む方法

論点決定

同業界で競合他社と比べた場合の
競争力があるか？

タスクを決める

❶ 店舗に行って飲食し、
メニューを比較検討する。

❷ 専門誌等の比較検討している情報を探す。

❸ アンケートをとって消費者の声を集める。

アウトプットのイメージ

❶ メニューを比較する基準を作り５段階で評価する

オムライス

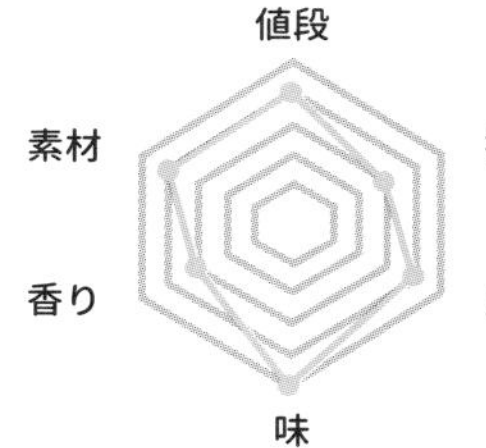

❷ 比較内容をポイント化してランキングに！

1位 ○○レストラン 30点
2位 ××グリル 26点
3位 △△食堂 24点

❸ アンケート結果をグラフに！

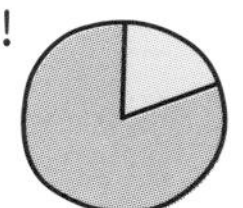

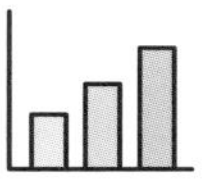

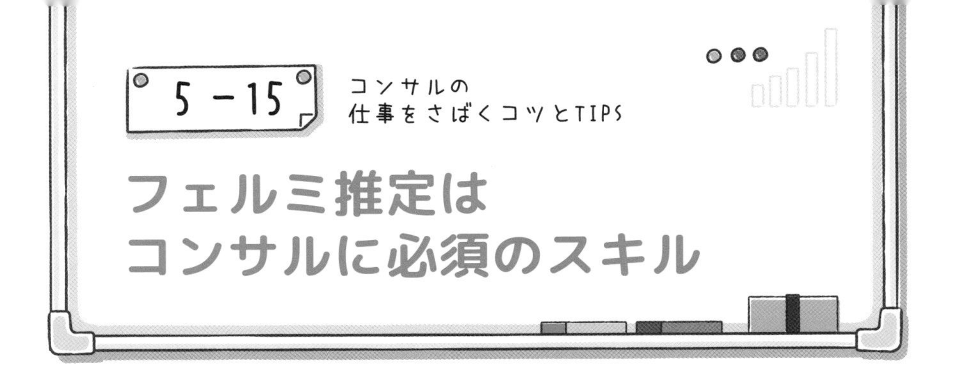

フェルミ推定は コンサルに必須のスキル

フェルミ推定はコンサルで大切なスキル

フェルミ推定（46ページ）とは、正確なデータがない状況下で、**求めたい数値を要素に分解して計算**することで、**おおよその数値を推定する方法**です。コンサルタントは、クライアント企業の問題解決にあたり、様々なデータを収集し、分析する必要があります。

フェルミ推定は、コンサルファームの面接でよく出題されるため軽んじられることもありますが、実際によく使う便利な手法です。

コンサルタントとしてプロジェクトに参加すると、未知の市場規模や数字が必要になることがよくあります。そこで「調べても情報がないのでわかりません」では話が進みませんし、プロ失格です。

そこで、フェルミ推定を使って、「情報はありませんが、こうやって推計した結果これくらいだと思います」と答えられれば話がそれを土台に進みますし、推計に使った方法や数値をよりよく修正するといった建設的な会話ができます。

フェルミ推定は、ちゃんとできればそれで飯が食えるスキルなのです。フェルミ推定はコンサルタントだけでなく様々な業種でも同様に使用できます。

例えば、新規事業への参入を検討する際に、市場規模や売上規模がわからないと参入の意思決定ができないため、どうしても数字が必要になります。その際に、おそらくフェルミ推定を用いて算出することになるはずです。

身につければ応用範囲も広いですし、ぜひ手の内に入れてほしいスキルの一つです。

5-16 コンサルの仕事をさばくコツとTIPS

事業計画は経営者の意思ありき

最後はエイヤーであり、勢いです

クライアントの中期経営計画や事業計画の策定支援で目標設定を一緒に立てることがあります。

論理的に積み上げていくのではなく、多くの場合、**経営者の意思で目標は設定されます**。

つまり、「何%成長したい」「売上何千億円企業になりたい」「PBR1.0を超えなければ」という意思によって目標が決まります。

なぜこんな形で上の目標が決まるのか。それは、順当に見えている範囲の積み上げでは会社が成長しづらいからです。

ストレッチした目標を設定し、それを達成するために工夫することで会社は成長するので、経営者の意思によって決まるのは成長を考えればむしろ合理的であるとすら言えます。

◎ 最初は意思、結果は後からついてくる

まず経営者の意思で売上目標を設定した後に、具体的にどうやってそれを達成するのかを現場が考え、その現場の考えを元に目標設定の実現可能性を検証する、というのがよくある売上目標の手順です。

個人の成長もそうですが、最初に意思があり方法や結果は後からついてくるということは覚えておきましょう。

5－17 コンサルの仕事をさばくコツとTIPS

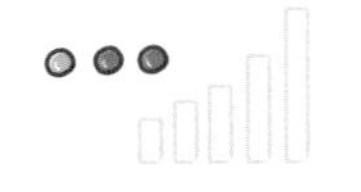

新規事業検討のプロジェクトのコツは？

新規事業を検討するプロジェクトのコツは？

大企業における新規事業を検討するプロジェクトを受注することがあると思います。

この手のプロジェクトでは、**初期参入するマーケットの設定**と、そこで**何をフックに参入するのか**を決めることが重要です。

また、メーカーの場合、先にフック（見てもらうための工夫）の方が開発され、後からそれが刺さるマーケットを探すこともよくあります。

◎マーケットの強さを調べることがキモ

いずれにせよ肝心なのは、マーケットのペインがどの程度の強さなのかを実感が持てるまで調べることと、それを自分たちのフックとすべき技術や製品が上手く解決できるという根拠です。

そのフックが自分たちだけが持っている技術やブランド力だとなお良いのですが、なかなかその条件が揃うケースは少ないのが実情です。

ただ、新規事業に参入するためにはそのマーケットで上手くやれる理屈が必要なので、その理論武装は怠らないようにしましょう。

そこに穴があると社内すら説得できなくなります。

◎参入時に撤退条件を設定する

また、参入時に**撤退条件を設定**しておくことも新規事業参入のコツの一つです。

どの程度の損失が想定されるのかがわかっていれば、投資を行う側も意思決定しやすくなります。

撤退条件を事前に定めず、ずるずる続けて経営資源を遂次投入することで損失が拡大するケースがままあります。

あらかじめこの条件が一定期間内に達成できなければ撤退するという意思決定を参入検討時にしておきましょう。

◎ 本当に新事業を進めたいなら人選に注意

最後に、検討するだけではなく本当に新規事業を進めたいのであれば**実行責任者の人選**に注意しましょう。

新規事業は様々な障害が次々と発生するので、圧倒的な熱量が求められます。惚れ込める商材と計画を用意し、それに惚れ込んで熱量を維持できる人材が配置されていることが新規事業を大企業で進めるための最低条件です。

ベンチャー企業のような成功時の圧倒的なリターンを用意できない点が大企業から新規事業が生まれづらい理由の1つだと思っていますが、それも含めて**熱意を持った担当者**を社内から探してこれるかはプロジェクトの成否を分けます。

新事業プロジェクトのコツ

COLUMN

コンサルの独特なストレス解消法

コンサルはストレスが溜まりがちな職種なので、色々と独特なストレス解消法を持っている人も多いようです。

今まで見聞きしたメジャーなケースだと、運動をする、甘いものや美味しいものを食べる、友人とお酒を飲む、趣味の本を読む、音楽を聴く、同僚と雑談する、ティーブレイクを取る、買い物をする、サウナに行く等の一般的なストレス解消の範疇に入るものが多いです。

一方変わったものだと、小旅行に行ってそこで仕事をする、オフィスで瞑想をする、床で寝る、プロジェクトのフォルダや自分のPCのデスクトップを奇麗に整理する、オフィスの隅でシャドーボクシングをする、本を執筆する、紙の資料を破る等を実践している人を実際に見たことがあります。

ある仕事の合間に他の仕事をすることがストレス解消になる、なんて言ってる人も中にはいました。そこまで行くとワーカーホリックとかそういうレベルを超えている気がしますが…。

個人的なオススメは散歩で、特に考えに行き詰った時に散歩すると良い考えが浮かぶことが多いです。コンサルタントは必ずしも業務時間中に机の前に張り付いている必要はないため、私は考えている最中は電話だけ持ってオフィス近辺や自宅近辺をあてどなく彷徨っていたりします。

いずれにせよ、コンサルタントとして長く活動していこうとした場合、効率的なストレス解消法は大いに役に立つスキルです。自分に合った無理のないストレス解消法を早いうちに見つけておくと、その後の心身の健康に良いのではないでしょうか。

6章

コンサルのスキルアップ、トラブル回避術

本章はコンサルタントになった後の応用的な分野について扱っています。仕事には直接関係しづらい、どちらかというと心構えに属する部分が多いですが、コンサルタントとして働いていく上ではこの種のマインドセットもまた重要なのです。

一流コンサルタントはチャームがある

チャームとは、**コミュニケーションにおいて相手を魅了する力**のことです。

チャームは、外見的な印象やコミュニケーション能力、知識やスキル、立ち居振る舞いなど、様々な要素で成り立ちます。

そして、**コンサルタントで活躍するためには、そうしたチャームが必要**です。

チャームの定義に差はあれど、一流のコンサルタントは全員「魅力的」です。クライアントにまた会いたいと思ってもらう必要があるからです。

◎チャームに必要な能力とは？

チャームを身につけるためには、**自分自身を磨くこと**が必要です。

外見的な印象は、相手に与える第一印象に大きく影響します。清潔感のある服装や身だしなみ、自信のある姿勢など、自分自身を整えることで、相手に好印象を与えることができます。

また、**コミュニケーション能力**も重要です。

相手の話を聞くことや、相手の立場に立って考えることができるコミュニケーション能力は、信頼関係を築くために欠かせません。

さらに、**知識やスキルを磨く**ことも大切です。コンサルタントとしての能力があることは、クライアントがまた会いたいと思ってくれる前提条件だからです。

◎ 目上の人から求められるチャームは？

ベテランから見た若手に求められるチャームの重要な要素は、**謙虚で素直なこと**です。

指摘を素直に受け止め、斜に構えずまっすぐ実行できるだけでも及第点が得られることが多いです。

人によっては生意気な方が良いとかいう人もいますが、謙虚で素直なふるまいを意識すると、ベテランから可愛がられる確率が上がります。

◎ なぜ魅力的なのかを分析してみる

チャームをどう分解し組み立てるかは人によりけりですが、周りの魅力ある人がなぜそうなのかを観察して分析し、自分に取り込みましょう。

最終的に自分ならではのチャームが構築できたら上々です。

元から魅力的でチャームを備えた人ももちろんいますが、後からチャームのパーツを身につけることも可能です。

自分が愛されるキャラではないという認識がある人は、**他人の分析から始めることをおすすめ**します。

立場が変わると必要なチャームの要素が変わったりもするので、そういうときに自覚的にパーツを揃えられる人の方が強かったりします。

チャームを身につけたコンサルタント

6章

6－2 コンサルのスキルアップ、トラブル回避術

働いた時間分全部チャージすべき？

そもそも、タイムチャージって何？

コンサル業務では、**どのプロジェクトに何時間労働時間を投入したかを記録すること**を**チャージもしくはタイムチャージ**と呼びます。

コンサルのプロジェクトは、ゼネコンの建設物のようにプロジェクトの進行基準に応じて売上を計上していくことになるため、プロジェクトへの時間チャージは厳密に管理されています。

◎ 長時間労働をチャージすると赤字になることも

プロジェクトで想定されている投入時間を超えて時間をチャージした場合、当初予定していた利益が生じなくなり、最悪赤字のプロジェクトになってしまいます。

これらのことから、（長くなりがちな）労働時間を全てプロジェクトにチャージすべきなのか、という話は昔から議論の的になってきました。

基本は使った時間通りにチャージすべき

結論から言うと、現状では基本的には**全部使った時間通りにチャージ**すべきです。

長時間労働の防止にもなりますし、プロジェクトの収支がわかることで舵取りがしやすくなり、不採算プロジェクトのテコ入れや再発防止策の検討にもつながります。

最近は残業規制上限に引っかからないように、隠れて残業することを防ぐことも重視されており、働いた時間通りチャージしないとマネジメ

ントの責任を問われることも増えています。

　そのため、マネジメント側も働いた分ちゃんとチャージすることを求めており、どのファームでも同じ傾向になっています。

◎ マネジメント側は自分のチャージを部下に回す

　この原則に例外があるとするとマネジメント側で、**プロジェクトの収支責任を負う側のチャージの付け方**でしょうか。

　特にマネジメント側は時間単価が高いため、**自分の稼働時間のチャージを減らしてスタッフ側のチャージの予算に回す**、という処理はしばしば行われます。

　最終的なプロジェクトの収支責任を負っている側だけに許される処置とも言えるでしょう。

　いずれにせよ、労働時間を全てチャージするか迷う程度のランクであれば全てチャージしておくべきです。

　マネージャークラスで調整が必要なランクになれば、逆にそこに対しての迷いはなくなります。

チャージの記録のイメージ

6章

宴会幹事でロジスキルを測る

コンサルファームの飲み会はイメージに反してあまり多くありません。部署全体の宴席だと**半期に1回程度の頻度**です。

宴会の際は幹事が必要となりますが、1年目途中からロジの練習のため幹事を担当するケースと、1年目はお客様扱いで2年目が幹事を行うケースがあるようです。

宴会幹事の役目を通じてロジスキルがあるかどうかを判別されることが多いため、仕事同様に取り組むべきです。

◎ まずは宴会の目的と予算を確認する

部署の飲み会では**予算の制約**も確認しましょう。概ね例年は一人当たりいくら程度、という基準があるはずです。

店の選定に関しては、無難に昨年度と同じ店や**先輩からの情報収集**が楽で安パイです。

大事な条件は、会社から移動しやすい場所であることです。コンサルタントは忙しく宴席に途中参加するケースもあるため、辺鄙（へんぴ）な場所を選ぶのは避けましょう。

スケジュールを押さえる場合、その宴席の主役と偉い人から押さえていく必要があります。スケジュール調整ツールを使って出席候補者全員の予定を把握して、主役となる人間（新人歓迎会なら新人、退職者がいれば退職者）と役職上位者の参加率を優先して日程を決定します。

スケジュールの優先度を間違えるとロジ能力が不足していると見なされる可能性が高いので、気をつける必要があります。

6－4 コンサルのスキルアップ、トラブル回避術

新しい分野に挑むとき、本は何冊くらい読むべきか？

業界を知りたいなら最低3冊は読むべし

新規分野に挑む際には個人的な経験から、1冊だけ読むとその本の著者の思考・発想に左右されるので、**少なくとも3冊はその業界について書かれた本を読む**方が良いでしょう。

◎ 無知な業界なら初心者向けから読む

全く知らない業界の場合、「〇〇業界がわかる本」「〇〇入門」等のその業界の**初心者向けの本から学習**を始めます。

そのあと業界地図など、その**業界を俯瞰する情報**も併せてインプットしましょう。

数冊読んである程度知見を得たところで、**業界の特定のケースについての本**や、**業界に所属している人向けの本**を読んで知見を深めます。

初学者から中級者向けの本をまとめて揃える際には、リアル書店で購入することをオススメします。

類似している他の本が自然と目に入り、内容を確認するのも簡単です。丸善ジュンク堂や三省堂にお世話になっているコンサルタントは結構多いんじゃないでしょうか。

さらに、その業界の大企業の中期経営計画や有価証券報告書、株主説明資料などを読んで各社の方向性や業界の特徴を押さえましょう。先に土台を作っておくことでスムーズな理解が得られます。

新しい分野に挑む際は、**その業界に関して少なくとも3冊の本を読みましょう**。情報の集積度と一覧性が高いため、本から始めてネットで情報を漁る順番がオススメです。

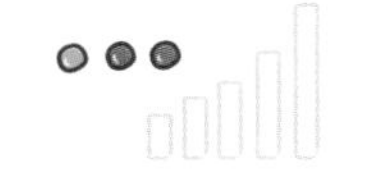

6－5 コンサルのスキルアップ、トラブル回避術

早く本を読むためにはどんな工夫があるか？

多読こそ速読への近道

ベテランのコンサルタントになれば、大量のインプットをこなしているので、文字からの情報を摂取する速度が速いです。

大量の情報から必要な部分を拾う経験を積むことで、その精度と速度が向上します。

◎ 本からどの情報を拾うかを明確にして読む

どのような**知識や情報を得たいのかを明確にする**ことで、本を読む際の焦点が定まり、本から必要な情報を拾いやすくなります。

慣れてくると、ページごとに斜め読みで該当する箇所を発見し、そこだけ読むといったことも可能になります。

速読の達人は、１ページをイメージとしてインプットするそうです。

◎ 本のすべてを覚える必要はない

本を読む際は内容をすべて覚える必要はありません。

どんな内容がどこら辺に書かれていたかというインデックスの記憶を意識して読めば、速読がより加速します。

何度も読み返せるのが本の良いところで、どこに書いてあったかが思い出せれば読み返すことができます。

１回で内容を記憶するように読むのではなく、インデックスを作ることを意識しましょう。

慣れると斜め読みした本を後から「そういやこんな様な内容があの本に書かれていたな…」みたいに本を思い出せるようになります。

◎ 生活習慣の一部としての読書がインプットを増大させる

速読と平行して、読書時間を捻出するために**隙間時間の活用**を検討するのがオススメです。

私はほぼ全ての本をKindleなどの電子書籍で購入しており、移動中や入浴中に読んでいます。

生活の中に読書習慣を組み込むことができると、安定してインプットを行えるようになります。

最近の傾向として、文章が電子データで入手できるのであれば**生成AIに文章を要約**させることもオススメです。

本文を読む前に要約を読んでおくことで、文章の傾向をインプットした状態で本を読むことができ、読む速度や読み取り精度が向上します。タイパを考えると現状では最強クラスの読書法だと思っています。

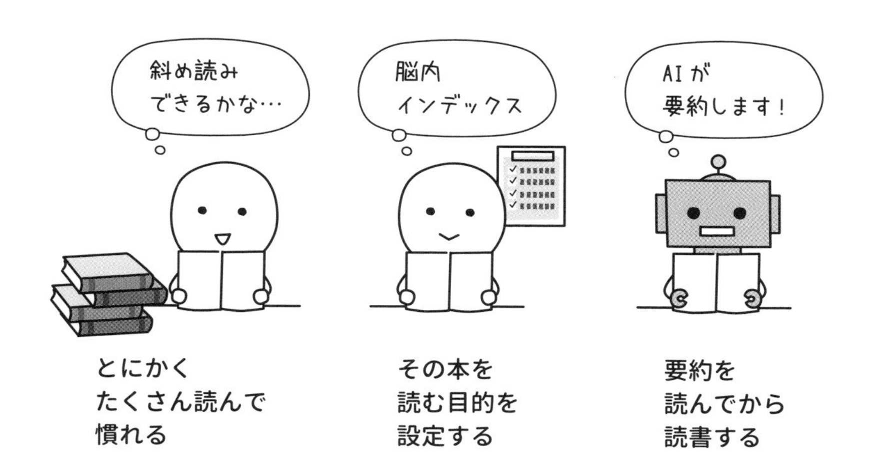

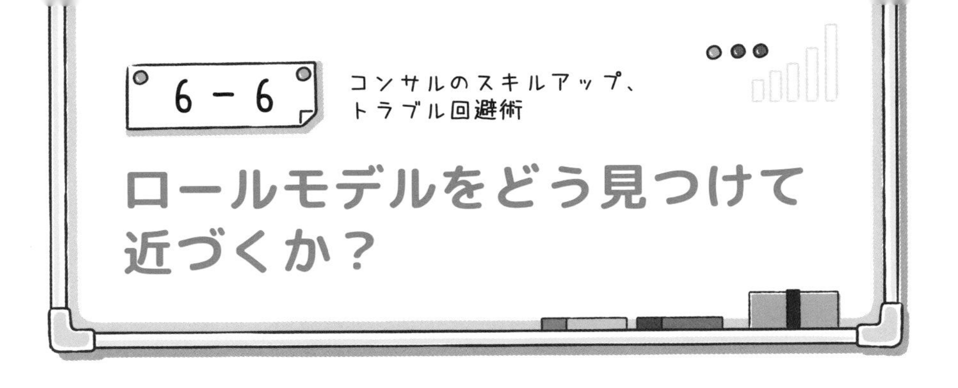

ロールモデルをどう見つけて近づくか？

コンサルタントして成長するには不可欠

ロールモデルとは考え方や行動の規範、尊敬できる人物です。平たく言えば、**「こんな人になりたい」というお手本となる人のこと**です。

ロールモデルを見つけることは、コンサルタントとして成長する上で非常に重要です。

自分が目指すべき方向性や、成功するためのヒントを彼らから得ることができます。

◎ ワンランク上の身近なロールモデルを見つける

ロールモデルのランクが上すぎると参考にしづらいので、まずは1つか2つ上のランクで見つける方が即効性があります。

一方、ディレクターやパートナーといった百戦錬磨の人物からは得るものが大きいので、そちらでも探しておきましょう。

理想は自分より上の各ランクで何人か目星をつけると、継続的に学びが得られます。

ロールモデルの人物と積極的にかかわろう

ロールモデルを設定したら一緒にプロジェクトを遂行することが一番ですが、必ずしも同じプロジェクトに入れないことがあります。

その際は、ロールモデルとして学ばせてほしいことを申し添えて、素直に食事やお茶に誘ってみましょう。

そう言われて悪い気分になる人はあまりいません。よく知った仲であれば自分のプロジェクトに優先的にアサインしたくなるものです。

日常的な通りすがりの会話でも構わないので、とにかく距離を詰めていきましょう。

◎ ロールモデルのオファーは快く引き受けよう

逆に、自分が昇格して誰かにロールモデルだと言ってもらえた場合は、手本となるべく振る舞うとともに自分がされたように育成を気にかけてあげてください。

コンサルタント業界は徒弟性に近い形で回っているので、意外と先輩から後輩への教育は重要なのです。

業界への恩返しくらいの気持ちで快く引き受けましょう。

ロールモデルの段階別イメージ

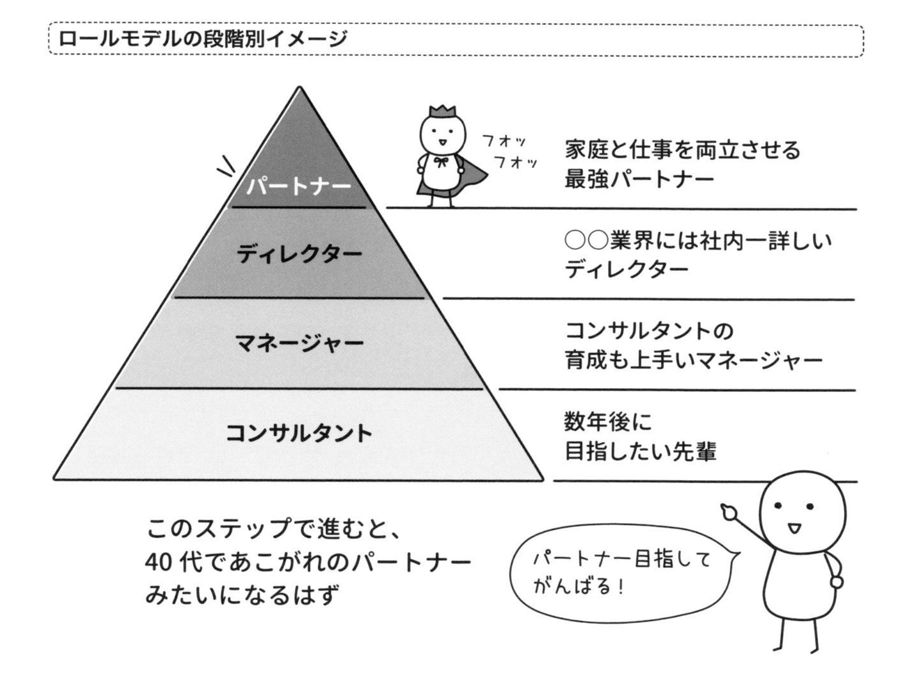

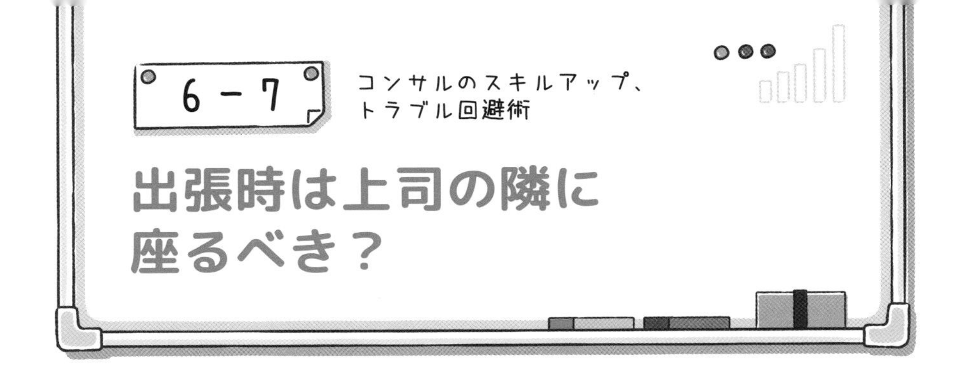

出張時は上司の隣に座るべき？

隣に座るのは悪くない一手

同行者の意向次第ではありますが、個人的には移動中に同僚や上司がいると緊張するし疲れるので、離れた席に座りたいところです。

しかし、ロールモデルと一緒に出張する場合等では、距離を詰めて会話できるまたとない機会でもあります。

話をしておきたいことがある、**上司と距離感を縮めておきたい等の場合は積極的に隣に席をとる**と良いでしょう。

◎ 上司側から隣に座るように要請されたら

上司から隣に座るよう強要されることは、パワハラ等のリスクを考慮して相当減っていると思いますが、もし上司から隣の席を要請されたら**隣に座って積極的に会話しましょう**。

上司側からしても距離を縮めたい気持ちがあるはずなので、今後のコミュニケーションを円滑にするためにも重要なポイントになります。

◎ クライアントと一緒に出張するときは

クライアントと一緒に出張する場合もなるべく隣に座りましょう。

ミーティングとは違う場所や時間で会話を行う機会は貴重です。そこで距離感を詰めておけばプロジェクトが円滑に進むようになりますし、普段聞けない話や本音の話を聞くチャンスでもあります。

上司やクライアントとの関係性は、プロジェクトの炎上や満足度につながる重要なパラメータなので、積極的にケアするのが良いと思っています。

6－8 コンサルのスキルアップ、トラブル回避術

上司に詰められたらどうする？

コンサル業界で言う「詰める」文化

コンサル業界の**「詰める」文化**は、昔より下火になっていますがまだまだ残っています。詰める文化とは、つまり**細部まで理由と説明を求められる文化**です。

- **これはなぜなのか？**
- **理屈は通っているのか？　など**

こんなことを問われ続けることで、メンタルを崩す人も少なくありません。コンサルをやっていれば、詰められる、あるいは詰めることはごく日常的なことです。

いずれやってくる上司からの詰められ案件

上司に詰められたら、こちらから思い切って距離を詰めましょう。上司に詰められ始めたときに、回避的な行動をとったり思い付きで語ってしまったりすることは悪手です。

上司と距離を詰めることは、最初のうちは抵抗感がありますが、上司の指摘を素直に受け止め、この資料やメッセージは具体的にどうしたら改善されるのかに焦点を持っていくべきです。

覚えておいてほしいのは、**詰める側は人格面や能力面を否定したいのではなく、その資料の構成やロジックのつながりを確認し良くするために細部を詰めている**ということです。

上司側は詰めたくて詰めているのではなく、資料やプロジェクトのク

オリティを上げるための手段として詰めているのです。

そこで回避的な行動をとると、クオリティを上げることに対して抵抗感がある人間とみなされ、その後の管理が厳しくなります。

上司からすると任せた仕事のクオリティが心配になるからです。

詰められたら元々考えていたことがあればそれを述べ、その後上司からの「こうしたらいいと思う」もしくは自分の考えや作業計画に対して「それでいいよ」を引き出すことを勝利条件に設定しましょう。

◎ 上司も人格否定でなくクオリティのためにしている

成果物の詰められ案件は、クオリティを改善させるための通過点であり、人格否定が行われているわけではないと思えば、割と気が楽になります。

また、前述した「回数多めにレビューを受ける」や「レビューのタイミングを早めに設定する」（127ページ）といった行為は、詰められダメージを回避するためにも有用です。

多大な時間をかけて作った資料を全否定されるとダメージが大きいですが、多めのレビューや早いタイミングで方向転換できるようにしていれば1回あたりのダメージを減らせます。

また、上司側も仕上がりイメージが見えやすいので具体的な指示をしやすく、結果的に締め切り間際のちゃぶ台返し（＝なんか予定してたのと全然違うの出てきたな…）を防ぐことができます。

詰められたら**資料の改善点にフォーカスして積極的に議論を行う**、これだけで双方建設的な議論になり、結果的に幸せになりやすいので、意識してみましょう。

人格は否定されていない、成果物を否定されているだけ

6-9 コンサルのスキルアップ、トラブル回避術

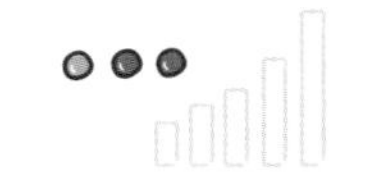

炎上プロジェクトに配属されたらどうする？

炎上プロジェクトに配属される意味とは

予定通りの期間で終了できなかったり、顧客からクレームがついて対応に追われているプロジェクトを**炎上プロジェクト**と言います。

プロジェクトが炎上すると自社の評判やプロジェクトの収支に悪影響が出るため、炎上したプロジェクトには火消し役が新たに投入されることもあります。

炎上したプロジェクトへ**火消し役として配属**されるのは、ある意味**火を消せる実力がある能力を見込まれている**ということで評価されていると考えて良いと思います。

一方、炎上プロジェクトは利益が見込めないので、人事評価が上がりづらく、正直貧乏くじみたいな側面もあります。少なくとも、無事消火したという実績は、結構コンサルタント間では評価される実績です。

あなたが火消し役として配属されたとして、対応方法を考えてみましょう。

炎上プロジェクトの対処方法

炎上プロジェクトに配属されたら、まず落ち着いて**現状の把握からスタート**です。提案時の目標、現在の進捗、炎上に至った経緯、メンバーの疲弊度、クライアントの期待値くらいはまず最初に把握すべきです。

特に**重要な点はクライアントの期待値**で、状況を変えるために来たコンサルとしての立場を生かし、クライアントとひざ詰めで期待値を探りましょう。

これは既存のメンバーにはしづらいことなので、率先して新たに配置されたコンサルがやるべきです。

クライアントの期待値がわかったら、今後の投下できるリソースでたどり着ける落としどころを探索します。

落としどころとそこまでたどり着く計画をクライアントと合意できたら、あとはそれをきっちり進めていけば、炎上対応の初動は十分できたといえるでしょう。

ゴールにたどり着くところまでに、何度か再び炎上しかけるかもしれませんが、基本的にはこれを繰り返して波を乗り切っていくことになります。

◎ 炎上プロジェクトにスタッフとして配置されたら

スタッフとして配置されたら、**持続的に対応可能な範囲の線引き**をして、粛々とやっていきましょう。

炎上対応に慣れていないマネージャークラスに、いきなり徹夜対応等の無茶な対応を求められたら、持続可能な計画ではないことを伝えて見直してもらいましょう。

スタッフにとって炎上プロジェクトでは、いかに体調やメンタルを崩さずきっちりゴールまで走り続けられるかが肝要です。

私の経験では、睡眠時間を削ったり土日にも業務を継続したりする、全速力で走り続ける対応は1カ月程度が限界です。

その期間でカタがつく計画なら全速力で走って終わらせる選択もありますが、それ以上の期間になる場合はむしろ定時でその日の仕事を終える前提でスケジュールを引きましょう。

短距離走の速度でマラソンを走るのは自殺行為です。

ダッシュでマラソンは走れない…無理せず頑張る！

6－10 コンサルのスキルアップ、トラブル回避術

アベってるときどうする？

アベってるときの種まきが大切

配属されるプロジェクトがない状態を、コンサル業界では**アベイラブルになっている（通称アベってる）**と言います。

ファームによっては**ビーチ**と言ったりもします。

He is on the beach. と表現されたりすると、バカンスに行っているニュアンスのほかに**干されてる**感じも若干含まれ、ウィットに富んだ知的な表現だと思いますね。

マネージャークラス以上ではアベってる＝自分で仕事を取らないといけない、ということなのでシンプルに「営業しろよ」で話は終了です。

◎ スタッフクラスの場合は待つ方法は様々

プロジェクトへのアサインを決めるのは、マネージャークラス以上の責任ですが、自分の責任ではないと開き直る人もいます。

そこも自分の責任だと考えて社内で営業を行う人は、その後の業績も伸びていきます。

隣のラインにも声をかけ、何か手伝えることはないかと仕事を探してウロチョロしながら顔を売っておく、という行動はリモートワークだとやりづらくなりましたが、**意識的に動けばアサインの機会が生まれる確率は上がります**。自分で種を撒いていきましょう。

それ以外のおすすめ活動としては、過去のプロジェクトの資料を見返したり、他のプロジェクトの資料を読むなど勉強をすることです。

資料の中の良い表現をしているページを集めて、スクラップブックのようなファイルを作っておくと将来秘伝のたれのように役に立ちます。

その際は、業界や会社名、場合によっては具体的な数値等を特定できないように変更して、匿名化することを忘れないでください。

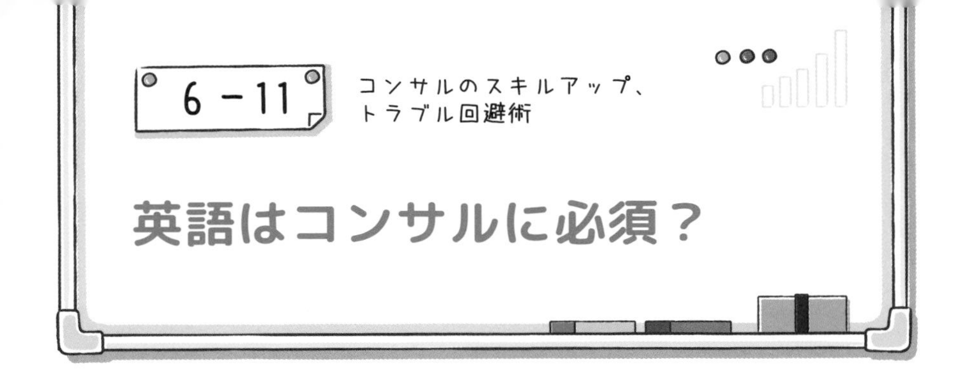

英語はコンサルに必須？

英語はできるに越したことはありません。ある程度以上のランクになれば、ほぼ必須の能力と言えます。

クライアントに「海外も関わるプロジェクトですがいけますか？」と聞かれたときにできないなんて言えないですよね。

苦手でもなんとかする方法はある

私は英語が得意ではないので、なんとか日々ごまかしながら生きています。できないなりに**ごまかしていく方法**をここでは語ります。

最近は**翻訳サービス**やソフトが強くなり、私は**DeepL翻訳**を活用していますが、無料での活用は情報流出の可能性もあるので控えましょう。

有料だと情報提供をしないコースがあり、仕事に使う場合はそちらを活用するか、ファームの推奨や規定に従ってください。

同様に、議事録作成ソフトも英語系は比較的精度高く記録してくれるものがあるので活用しています。

なお、正式な報告書はネイティブにチェックを頼むか、プロの翻訳業に任せるのがベターです。

ある程度の年次になっても英語が苦手な場合、英語が得意なマネージャーやシニコンを探してチームアップするのも都合が良い方法です。

お互い得意なところで補っていく形で、マネージャーやシニコンもメインプレゼンターの経験が積めてみんな幸せになりやすいです。

ミーティングで発言が必要な場合は、**事前になるべく短い表現を準備**しておき、はっきりデカい声で喋りましょう。

自信がない場合声が小さくなりがちですが、そもそも声が小さいとアクセントや抑揚が表現できず伝わりづらくなります。

専門性はそもそも必要なのか？

コンサルタントには専門性が必要です

インダストリー軸で専門性を持つか、ソリューション軸で専門性を持つかは好きな方で良いですが、クライアントに一定以上の価値を提供しようと思うと**何らかの専門性が必要**になってきます。

◎「何でもできます」は、何も得意ではないということ

スタッフ層のうちは専門性もなく、「何でも素早くできます」で十分と見なされます。

しかし、クライアントに対して自分を売り込みに行くときに「何でもできます」で信頼を勝ち取るのは相当困難です。

「何でもできます」では、何も得意ではないということを吐露しているのに等しいからです。

対クライアントにせよ社内にせよ、「これが得意であり他の人より抜きん出ている」という看板はあるに越したことはありません。

◎ 専門性で付加価値を出していく

年齢を重ねるにつれ、耐えられる労働の強度や投下できる時間が減っていくものです。

そこを業界情報を調べなくても知見がある等の専門性でショートカットしないと、年齢やクライアントに請求する金額に相当する付加価値が出しづらくなるという面も出てきます。

得意とする専門性はいくつか持つべし

専門性に関して注意点があるとすると、一本足打法はあまりおすすめしません。

１つのジャンルだけに特化してしまうとトレンドが変わったときに辛いので、２つないしは３つ程度はよく知っている、得意であるというジャンルを用意しましょう。

それらをかけ合わせて使えるとなお強いので、理想的には**インダストリー軸とソリューション軸でそれぞれ専門性を持っていると食いっぱぐれません**。

専門性が確立できてコンサルタントは一人前と昔から言われていますが、それは今でも変わらないと思っています。

自分の興味と市場のニーズをすり合わせ、クライアントに提供することで喜ばれる専門性を確立していきましょう。

専門性の良い例

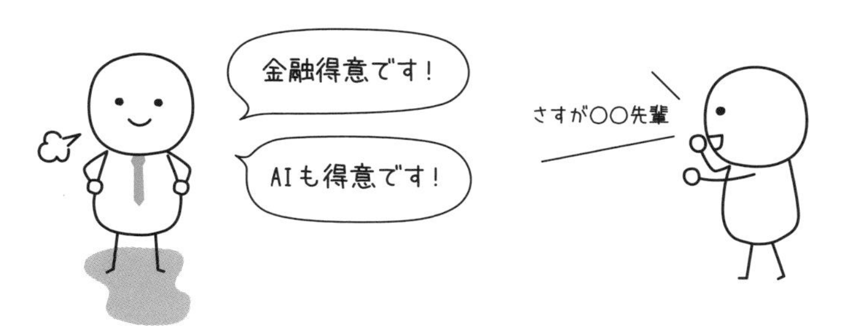

**インダストリー軸 × ソリューション軸で
専門性を高める**

インダストリー軸 金融系、製造系、流通系、通信系、ハイテク系、素材系、公共系など

ソリューション軸 会計系、SCM 系、CRM 系、組織人事系、IT 戦略系、テクノロジー系など

6－13 コンサルのスキルアップ、トラブル回避術

専門性をどのように獲得するか？

自分の意思と偶然の作用で確立する

自分の意思と偶然、両方の作用を受けながら自分で得意とする専門性を確立していく必要があります。

専門性とは、特定の分野（インダストリー軸でもソリューション軸でも可）に精通することです。「化学業界、組織設計に詳しい」などになります。

◎ プロジェクトの経験は思い通りに作れない

専門性はプロジェクトの経験を積むことで主に獲得されますが、キャリアの序盤は100％自分の思い通りのプロジェクトにはなかなか入れないものです。プロとしては稼働率を稼ぐことが優先されるので、チャージ先がない状態を回避するためにも上司が受注したプロジェクトに入る、という面がどうしてもあります。

そのため、自分が狙っている専門性に必要なプロジェクトに必ず入れるとは限りません。コンサルタントのキャリアには、**操作性がない部分**が発生するのです。

◎ 自分の意思で、やりたい専門分野は勉強できる

一方、自分の意思や興味によって専門知識を獲得できる部分もあります。次のような行動でも専門性を積極的に獲得できます。

- **社内で営業を行う**
- **自分でやりたい分野について勉強して、社内で既にその分野をやっている人にアピールする**
- **自分で仕事を受注する**

◎ キャリアは運が絡むゲームである

このように意思と偶然によって専門性は作られていくため、麻雀やポーカーのような運が絡むゲームに近いものがあります。

逆に言えば、特にやりたいわけではなかったプロジェクトがその後のキャリアに大きな影響を与えたり、生涯のテーマにつながったりすることもあります。

専門性は、その分野で溺れていると鼻から勝手に流れ込んで身につくものだなんて意見もあります。

自分のやりたいことに固執しすぎず、たまには**違うジャンルのプロジェクトをやってみるのも良い刺激**になり、自分の幅が広がるきっかけになるかもしれません。

知的好奇心の赴くままに、色々やってみるのも特にキャリアの序盤では一興ではないでしょうか。

意思と偶然のバランスによって作られるキャリア

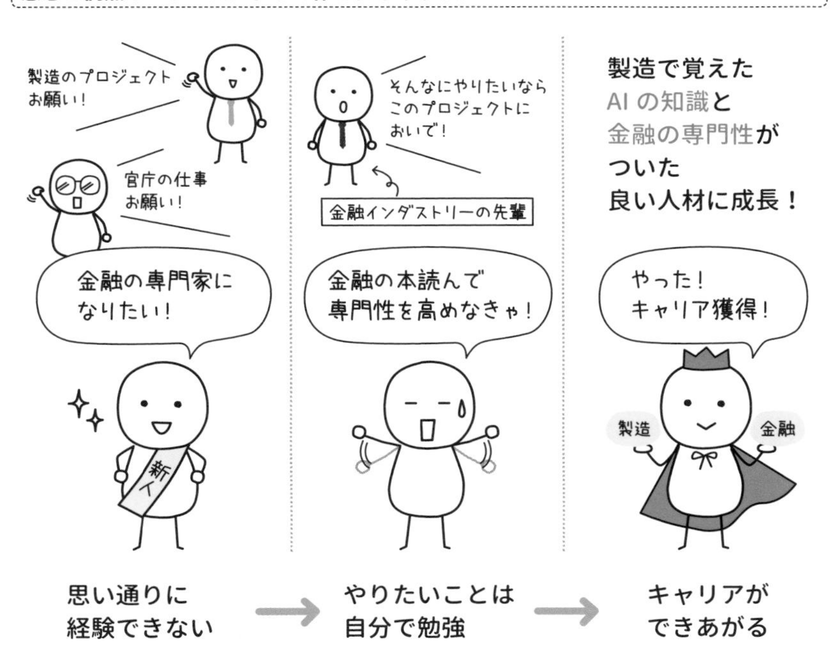

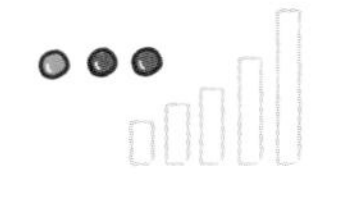

6－14 コンサルのスキルアップ、トラブル回避術

クライアントの偉い人の意見はどこまで汲むべきか？

クライアントの言いなりになってはいけない

クライアントの意見と**コンサルタントとして導き出した意見**が食い違うとき、どちらを優先すべきかは難しい問題です。

サービス業である以上クライアントの意見は尊重すべきですが、客観的に見て間違っている、あるいは合理的ではない意見をクライアントが持っている場合、**一度はこちらの意見を真正面からぶつけてみるべき**だと思っています。

それに対するリアクションから、納得いく理由や背景が得られれば尊重し、納得できない理由であればクライアントを説得すべきだからです。

クライアント

アフリカ進出

コンサル

アフリカより
インド進出

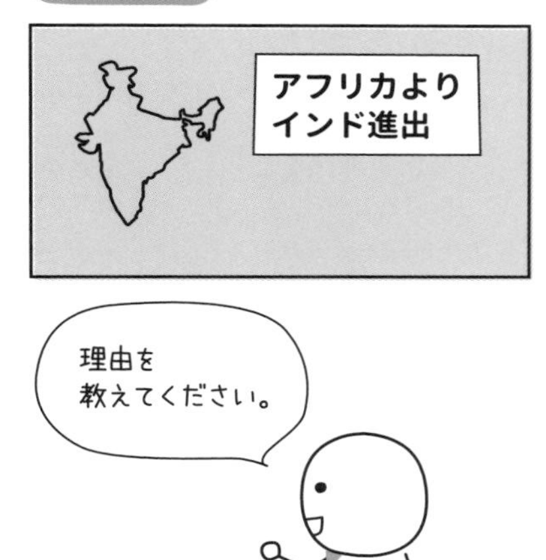

◎ コンサルタントは客観的にクライアントを見るべき

クライアントの同格の社員やその上司の意見は参考にすべき情報源ですが、それ以上のものにすべきではないと考えています。

クライアントの最終的な意思決定者が、プロジェクトの結果に対して納得しないとプロジェクトは進められないので、その意見は金科玉条（きんかぎょくじょう）として扱いたくなるものです。

しかし、コンサルタントの意見には外部スタッフとしての客観性も含まれ、クライアントの組織が持つバイアスを排除して**客観的にこうすべきである、という「正論」を外部から提示できる立場**であることは理解しておくべきです。

客観的なデータをもとにして事業の行く末を語り、合理的な打ち手を提示し、クライアントの持つ価値を最大化していくことこそがコンサルタントの仕事です。

クライアントが思い込みに引きずられて足を踏み外すようなら、たとえ嫌われようとも道を正すべきであり、**クライアントから嫌われたくないあまり迎合することはあってはならない**ことなのです。

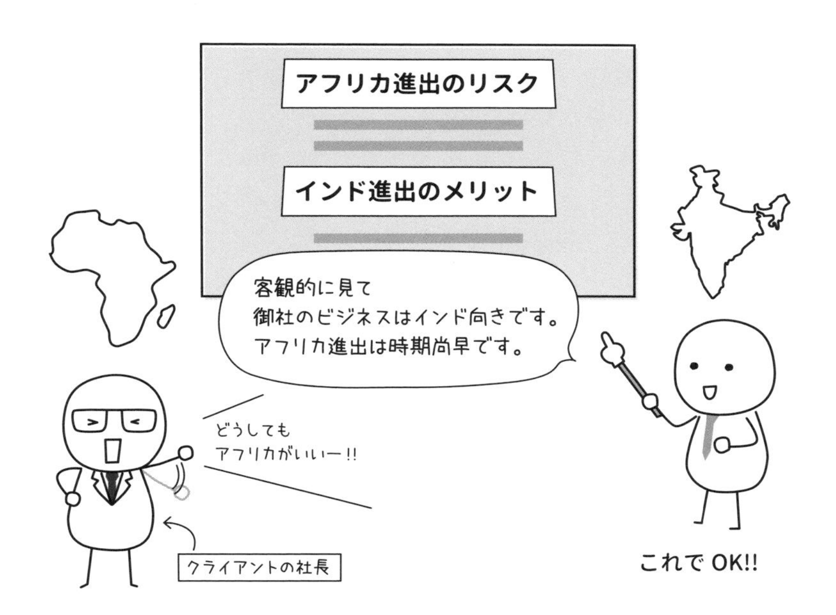

COLUMN

コンサルティング業界で進むダイバーシティ

コンサルティング業界では昔から男女比はおおよそ8：2から7：3程度と言われており、かなり長い間男性の方が多い状態でした。

もともとコンサルティングファームの評価の仕組みは男女や年齢で全く区別されていないため、本来であれば半々程度になっていてもおかしくないはずです。

この理屈と実態が異なる理由として、ハードワークが求められる体力勝負であること、男性の方が多いので女性が働きづらい環境であったこと、コンサルタントの主要な出身大学の男女比がそもそも偏っていること、等様々な原因が語られてきました。

しかし、最近この状況は急速に変わりつつあります。男女共同参画社会の実現に向けての圧力が高まった結果、新卒採用や昇進数を男女同数とすることを目標として、最近話題になっている大学受験の女子枠に近い制度を設定するファームが出現し始めているようです。

これらの制度は圧力がかかったというよりは、むしろ従来採用し損ねてきた優秀な女性の確保のために積極策として導入したのかもしれません。いずれにせよ、この動きがまだそのような制度を導入していないファームにも広がる可能性は結構高いと思っています。

この状況は女性から見た場合、従来より大きなチャンスがある状態であると言えます。女性と話をすると労働環境が厳しいのでコンサルタントにはなりたくないという意見を聞いたりもしますが、従来に比べだいぶ労働環境も良くなっていますし、割と狙い目な職業になっているのではないでしょうか。

7章 コンサルの転職術

コンサル業界には過酷なプロジェクトやシチュエーションが存在するので、いつか退職を検討する日が来る可能性があります。また、特に嫌なことがなくても次のやりたいことを見つけて退職を検討することもあるでしょう。この章では、退職を検討する際の留意点について語ります。

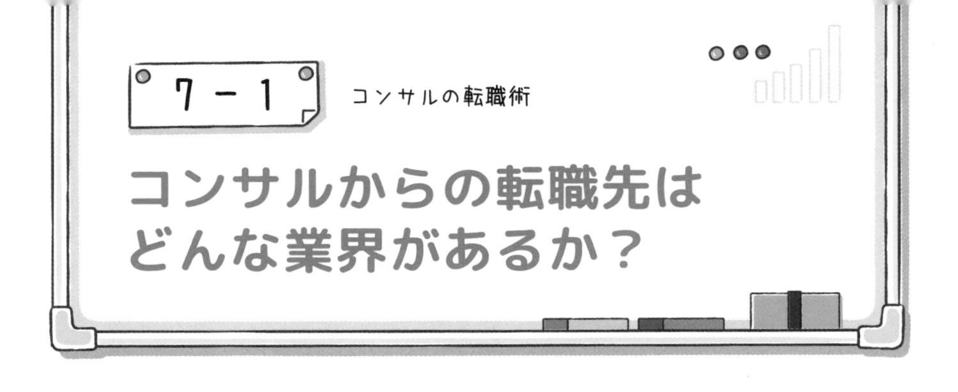

コンサルからの転職先はどんな業界があるか？

転職先の最多は他のコンサルファーム

周囲を見ていると、**コンサルファームからの転職先**は他のコンサルファームが一番多いです。

それ以外だと事業会社（特に経営企画）、スタートアップ、PEファンド（主に若手）、総合商社など、比較的幅広い転職先があります。

PEファンド（プライベート・エクイティ・ファンド）や**総合商社**は年収を維持もしくは上昇させられる転職先として人気があり、**スタートアップ**の場合は一時的に年収が下がるケースが多いですが、やりがいやストックオプション込みの期待値があるため転職もしくは自分で起業する人が結構いる印象です。

逆に**事業会社**はやりたいことがある場合や、ワークライフバランスの改善を求めて転職するケースが多いです。

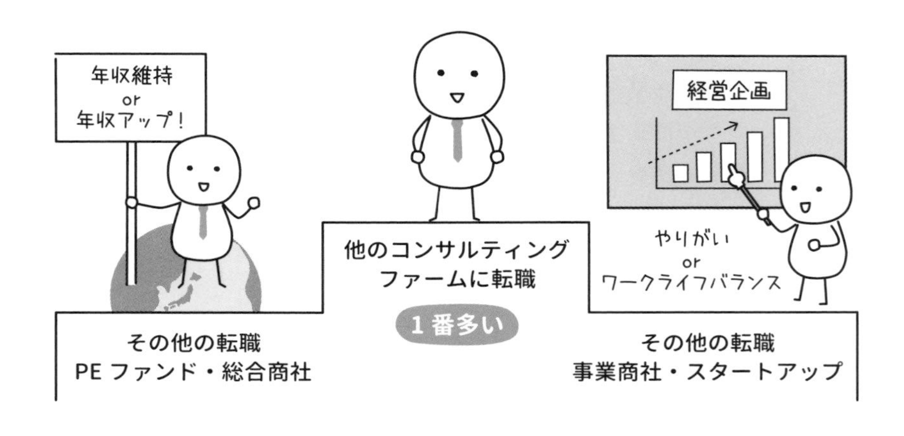

他業界からカムバックしやすい

コンサルタントは、**コンサル業界から他の業界に行った後もまたコンサル業界に戻りやすい**のもキャリアとしての利点です。

コンサルタントとして一定の経験を積んだ後に他の業界に転職あるいは起業しても、比較的コンサルファームに元のポジションで戻りやすいため、保険をかけつつ転職を行うことが可能です。

また、起業の場合は、フリーランスのコンサルとして日銭を稼ぎつつ起業することも可能です。

初手でコンサルファームに所属した場合、その後のキャリアは幅広く柔軟に設計することができます。

ビジネスマンとしての基礎スキルも積みやすいため、社会人の最初のキャリアとしてコンサルファームに所属するのはおすすめできます。

特にやりたいことがない人は、**まずコンサルタントとして基礎を身につけると、やりたいことが見つかったときに挑戦しやすい**でしょう。

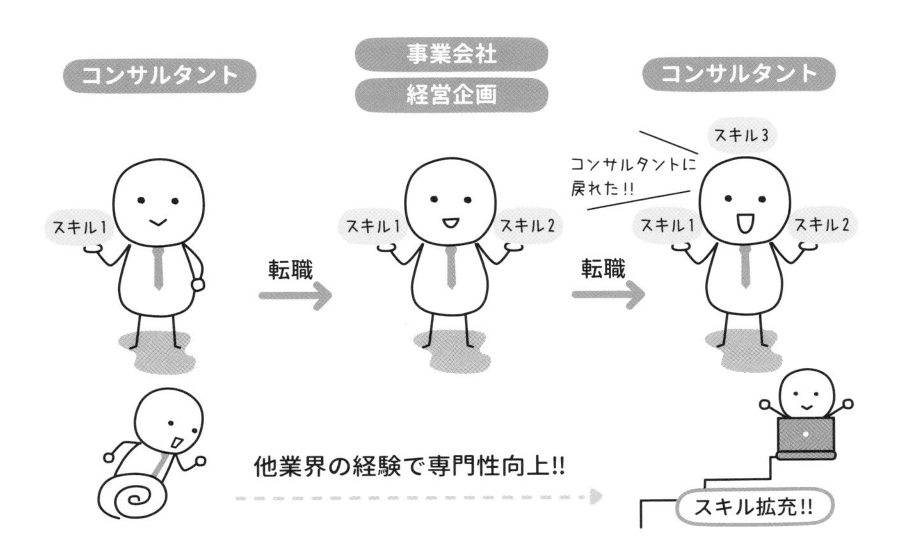

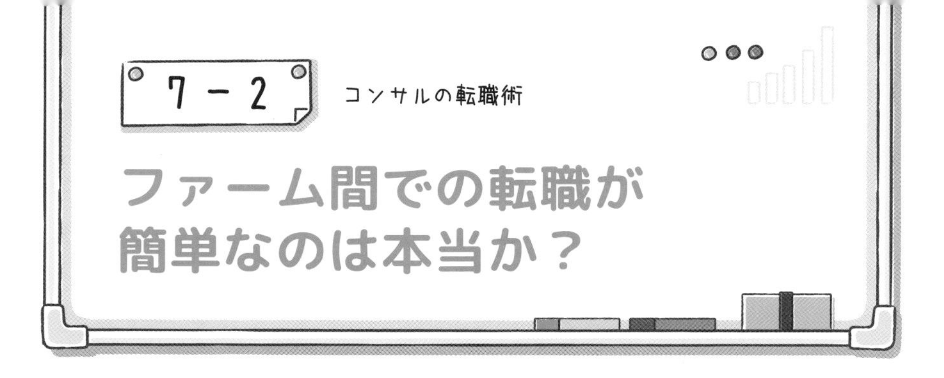

実績と実力があればファーム間の転職は簡単

実績と実力があれば、比較的**簡単にファーム間の転職が可能**です。

コンサルファーム間での転職が比較的容易である理由として、そもそも**業界内での人材流動性が高い**ことが挙げられます。

コンサル業界はプロジェクトごとに人員を配置するため、労働内容の区切りも明確であり、**辞めやすいタイミングが定期的に発生**することが流動性が高い理由の一つです。

また、比較的多くの人が転職するため業界慣習的に「そういうものである」という認識が共有されています。

また、職階ごとの役割が比較的明確でどのファームでもそこまで変わらないため、**どの程度の実力か見込みやすい**ことも人材流動性の高さに影響しています。

さらに、リファラルによる紹介や引き抜きを推奨する**リファラルボーナス**の存在や、コンサル業界の活況時に発生しやすい**ランクアップ転職**（転職前より上位のポジションや年収を提示することで転職を促す慣習）も人材流動性の高さを助長しています。

結果として、コンサルファーム間を転職しながらランクを上げ、年収を上げていく人もいるほどです。

流動性が高くダメ人材の評判は広がりやすい

一方、業界内で人材が流動しているため、仕事ができない人や失敗した人の評判も比較的広まりやすい業界だと言えます。

怪しそうな人材は転職前のファームの知り合いにこっそり評価を確認

してみるなんてことも行われます。

◎ 面接はシビアに判断される

また、転職時に面接を行うのもコンサルタントであるため、どの程度の実力を持っているか、業務経歴や質問への返答などからシビアに判断される面もあります。

活躍しているコンサルタントの転職は容易ですが、活躍できてないコンサルタントにとってはどこに行っても門前払いという展開もありうるでしょう。

◎ 転職しやすいのはコンサル業界では一種の救い

相対的に見て、他の業界よりファーム間の転職が容易なのは事実です。

出戻りも歓迎される傾向がありますし、転職時の競業避止義務の誓約もパートナー以外はそこまで厳しく扱われていないことが多いです。

この人材流動性の高さは、ストレスフルなコンサルティング業界においてリセットボタン的な、一種の救いとして機能しているとも言えるでしょう。

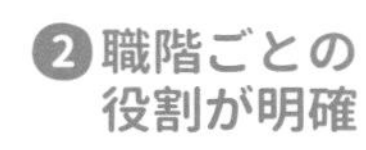

❸リファラルボーナスの存在

だけど…仕事ができない評判は広がりやすいから注意！

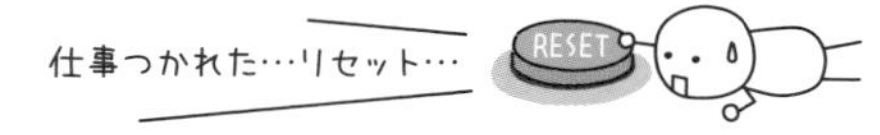

退職時のお作法はある？

円満退職を心がける

他のコンサルファームにせよ他業界にせよ、転職をする際には**退職時の手続きや手順**についても考慮する必要があります。

退職時には、なるべく**現ファームや周囲のメンバーとの関係を良好**に保ちつつ退職できるように心がけましょう。

◎ 退職の意思を早めに伝える

まず、**退職の意思を上司に早めに伝える**ことが重要です。

早めに伝えることで代わりの人材を用意する難易度も下がりますし、引継ぎの準備もすることができます。

なるべく、現在遂行しているプロジェクトの区切りの良いところで辞めましょう。

立つ鳥跡を濁さずではないですが、将来的に出戻る可能性もありますし現ファームにダメージを与える辞め方は得策ではありません。

◎ 引き継ぎ業務はしっかりやる

プロジェクトの経緯や作業内容があれば、**マニュアルを作成**しておくのが無難です。転職後に連絡が来る事態も防止できます。

引継ぎ先を上司に設定してもらって、その人にちゃんと引き継ぎ終わった状態で転職するようにしてください。

◎ 同僚との連絡先の交換

退職時に今後も連絡を取りたい人とはちゃんと連絡先を交換しておきましょう。

退職時にメールで連絡先を送ったり会って挨拶をした際に個人の連絡先を交換することが一般的です。

今後のリファラルや情報交換にも横のつながりは便利ですので、面倒くさがらずに連絡先をゲットしておきましょう。

退職時の誓約書について

コンサルティング業界特有かどうかはわかりませんが、退職時に誓約書にサインさせられるケースがよくあります。

だいたい内容は競業避止（競業する業務への転職を誓約する）、守秘義務、現在の顧客との接触の禁止、情報の持ち出しの禁止、引き抜きの禁止などが多いようです。

◎ 情報の持ち出しは厳しい制裁を受ける

このうち、**守秘義務と情報の持ち出し**に関してはコンサルティング業界では**最も厳しく扱われ訴訟対象になりやすい**ため、諦めてください。

メールへの添付やストレージへの情報の保存、紙に印刷しての持ち出しはだいたい監視対象になっており、退職の意思表示後の共有サーバへのアクセス履歴から、情報の持ち出しがバレて訴訟になるケースもあります。

持っていけるのは紙の名刺くらいだと思っておく方が無難です。

◎ ケースバイケースのものも

それ以外の**競業避止や顧客との接触、引き抜きの禁止**に関しては、ケースバイケースで扱われます。

そもそも転職先を退職時に伝える必要もないため、パートナーによる大量の人員引き抜き等の何らかの大きな損害が出た場合には問題化するものの、現実的にはあまり大事になるケースは多くありません。

競業避止誓約書にサインしつつ他のファームへ転職するケースは大量に存在しており、それによって損害が発生しなければ訴訟コストがかかるため放置される、というのがよくあるケースです。
もし心配であれば、念のために弁護士等に記載内容を確認した方が良いかもしれません。

緊急避難的に退職する場合

緊急避難的に退職する場合は上記の注意点はすべて無視して、**即座に退職届をメールで送って退職しましょう**。
労働者が退職する権利は強く保護されており、会社側が引き止められる可能性は低いです。
精神的に追い込まれた、健康状態が悪化した等ですぐ辞めないと心身の健康が損なわれるような事情があれば、自分の都合を優先してください。
弁護士や専門の退職サービスに依頼するのも良いでしょう。
会社の代わりはいくらでもありますし、会社から見たあなたの代わりもいくらでもいます。
しかし、あなたの人生はあなたのものです。
健康は損なわれると取り戻せない部分もあるため、あなたの人生を最優先に考えてください。

7-4 コンサルの転職術

具体的に転職活動はどうやる？

転職したいと思ったら転職エージェント探しから

まず転職したいと思う前から転職サイトに登録するなどして、転職エージェントを探しておくことがオススメです。

転職エージェント業は参入障壁が低く、エージェントの能力はピンキリで、利用する場合は当たりのエージェントを引くまでガチャを回す覚悟が必要です。

複数のエージェント企業の話を聞いてみるとともに、**ついた担当者がハズレだと思ったら遠慮なくチェンジを申し出ましょう**。

切羽詰まった状態で仕事と並行してやると詰みやすいので、できれば事前に良いエージェントを見つけるところまではやっておくと良いでしょう。

転職エージェントもガチャ

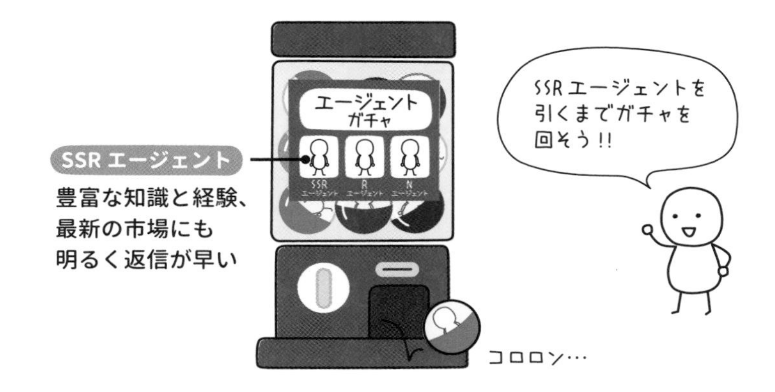

また、転職活動で必ず使用することになる**履歴書と職務経歴書は年に1回程度更新しておくと良い**です。

これは転職活動のハードルを下げるだけでなく、自分がやってきたことや積んだキャリアの確認、将来の目標設定の足場づくりとしても役に立ちます。筆者は正月に去年の実績を振り返りつつ更新することが習慣になっています。

また、**LinkedInなどのビジネス系SNSを整備**するとエージェントや人材募集中の人事から声がかかりやすくなるので、ついでにできた履歴書や職務経歴書をアップロードして更新しておくといいでしょう。

◎ 転職活動を始めるなら目標を明確に

転職活動を始める際には、**活動を始める前に目標を明確に設定**しましょう。転職したいと思ったならば、理由が必ずあるはずです。

収入を増やしたい、ワークライフバランスを改善したい、新たなキャリアを積みたい等色々な理由があると思いますが、なぜ自分が転職を考えているのか、どのようなキャリア目標を持っているのかを明確にすることで、転職の勝利条件を定めることができます。

勝利条件を定めて、そこから逆算で転職先を選定しましょう。

勝利条件を明確に設定できたら、あとはそれを転職エージェントに共有して転職先をリストアップしてもらい、片っ端から受けるだけです。

ここで条件に合わない転職先を推してくる転職エージェントも容赦なく切りましょう。こちらのことを考えず、報酬が高い企業を推してくるエージェントは残念ながら多数います。

◎ リファラル採用を活用するのも一つ

個人のツテで転職先を探すのも有効です。

特にコンサルファーム間の転職の場合は、**知り合いが転職した先からリファラルをもらって転職するのが一番手っ取り早い方法**です。

転職先の状況も把握できる上に転職した側にリファラルボーナスが出るファームも増えているので、一石二鳥以上の効果があります。

7－5 コンサルの転職術

退職したい場合、誰にどんな相談をすべき？

既に退職した・転職した同僚に相談

緊急避難的に退職を行う場合は別にして、退職を検討している際は色んな人に話を聞いてみることがおすすめです。

色んな角度から状況を確認するとともに情報収集ができる、ストレスが減る等の良い影響があります。

具体的に誰に相談するかですが、最初に優先すべきなのは「**既に退職・転職した元同僚**」です。

退職や転職後の具体的な展開や、転職したことでの後悔や後押しなど気になる情報をまとめて回収できます。

転職先によってはリファラルの紹介を受けることも可能なので、まず真っ先に相談すべき相手です。

また、お世話になって信頼関係が構築できているクライアントがいる場合、相談してみるのは悪くない選択肢です。クライアントとコンサルという立場を超え、人生の先輩としてのアドバイスももらえます。

転職後も関係を維持しやすくなることも期待できます。

◎ 私生活のパートナーに相談

他に優先して相談すべき相手ですが、生活を共にするパートナーがいる場合は退職を決める前に相談しましょう。

自分一人なら深慮なく退職しても問題ないですが、パートナーがいる場合は転職を含めて生活が大きく変わることが多いので、事前に相談して理解を得ておかないとパートナーとの関係にひびが入る可能性があります。

逆に、転職時の採用側もいわゆる「**嫁ブロック**」の有無はかなり気にするところです。パートナーと一丸となって転職活動に取り組めるように双方納得いくまで話し合いましょう。

◎ 職場の人には退職が決まるまで沈黙を貫く

逆に、職場の同僚や上司に相談するのは、退職がほぼ決定した後が無難です。

退職を交渉カードに使って待遇改善を申し出るのもありですが、多くの場合それによる改善は却下されるか一時的なものになります。

人間関係が原因であれば異動などにより退職を回避できる場合もありますが、待遇や業務内容に関しては改善の可能性は低いと思ってください。

転職までの道

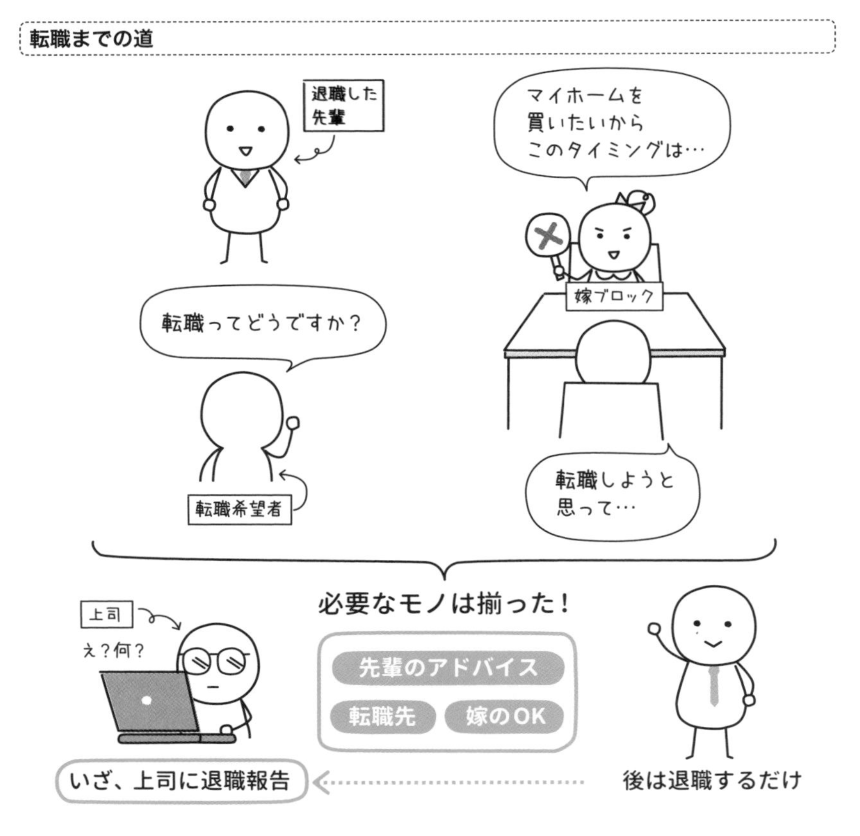

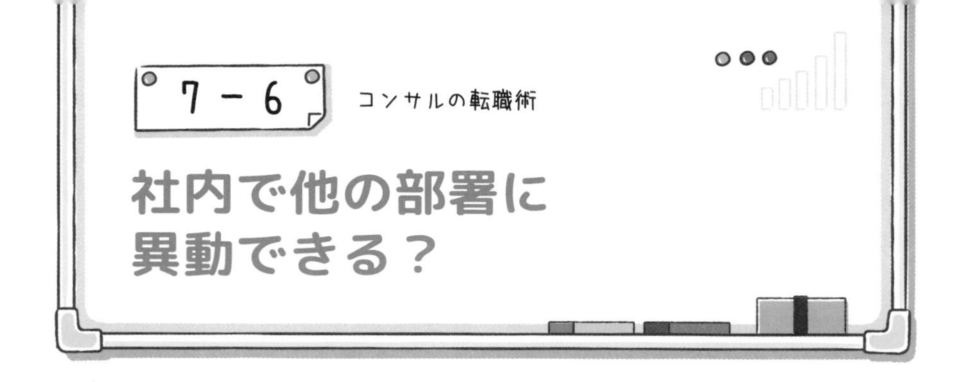

社内で他の部署に異動できる？

異動や担当プロジェクトの変更は通りやすい

ファーム側は、採用にコストをかけて従業員の育成にも力を入れており、すぐに辞められるとかなりの痛手になります。

そのため、異動希望に関しては叶えるように動いてもらえることが多いです。

ただし、チーム間の異動に関しては、受け入れ先が必要になることは留意してください。

基本的にはチームを持っているパートナーが受け入れなければ、そのチームに異動はできません。

アサインされたプロジェクトを外れたはいいものの、どこにも受け入れ先がなくプロジェクトに参加することなく、キャリアが終了する可能性があります。

チーム間の異動に関しては、**事前の社内営業や人脈の構築が重要**になります。

また、悪い噂が立っている場合も受け入れ先がなくなる可能性があります。

意外とプロジェクト内の活動状況や失敗はファーム内の情報として出回りやすいので、何度か失敗していたりプロジェクトで活躍できていない状況だと受け入れ先がなく、入れたとしても評判が悪くてやりたい人がいないプロジェクトになったりします。

その場合、社内の異動ではなく転職によって評価をリセットせざるを得ない状況と言えるでしょう。

総じて、初回の異動希望に関しては割と通りやすい印象があります。

一方、活躍していれば基本的にパートナーが手放さず異動が発生しないので、社内で異動を繰り返している人材はコンサルファームでは白い目で見られがちなのは覚えておいてください。

7-7 コンサルの転職術

退職後の人脈はどうなる？

学友会みたいなコミュニティがある

コンサルファームでは**アルムナイ**（またはアラムナイ）という**卒業生（退職者）のネットワーク**を整備しているファームが多く、卒業生へのアクセス自体は比較的容易になっています。

卒業生間の連絡や、卒業生と現役で所属している人間との交流イベントもあるため、その気になれば新たな人脈をアルムナイネットワークの中で作っていくことができます。

しかし、基本的にはアルムナイとの関係を含めて本人に帰属する人脈が中心であり、社内外共に人脈自体は自分で管理していくしかありません。

そのため、人脈作りはファームに所属しているときからマメにやっておくことがおすすめです。

連絡先の整理や定期的な挨拶、転職時の連絡などで関係を維持していきましょう。

また、LinkedInやFacebook等のSNSによる繋がりも退職後に変わらず機能しやすいので、そちらで関係を作っておくのも良い選択だと思います。

◎ クライアントとの関係には制限があることも

特に社外の**クライアントとの連絡は、退職時に制約がかかる**ケースもあります。

その場合は個人的な連絡の範囲でしばらく関係をつないだり、所定の接触制限期間を過ぎてから連絡を行うことになります。

退職時に既に親密なクライアントでないと、転職後に関係を維持し続けることは難しいでしょう。

総じて退職や転職によって人脈が失われるわけではないですが、その維持拡張には相応のコストが必要になります。

一方で人脈は社会人をやっていく上での財産なので、維持管理コストを支払ってでも関係を維持していくメリットは大きいと言えます。

将来どこで役に立つかわからないですし、なるべく顔はつないでおきましょう。

人脈は色々な方法でつなぐ

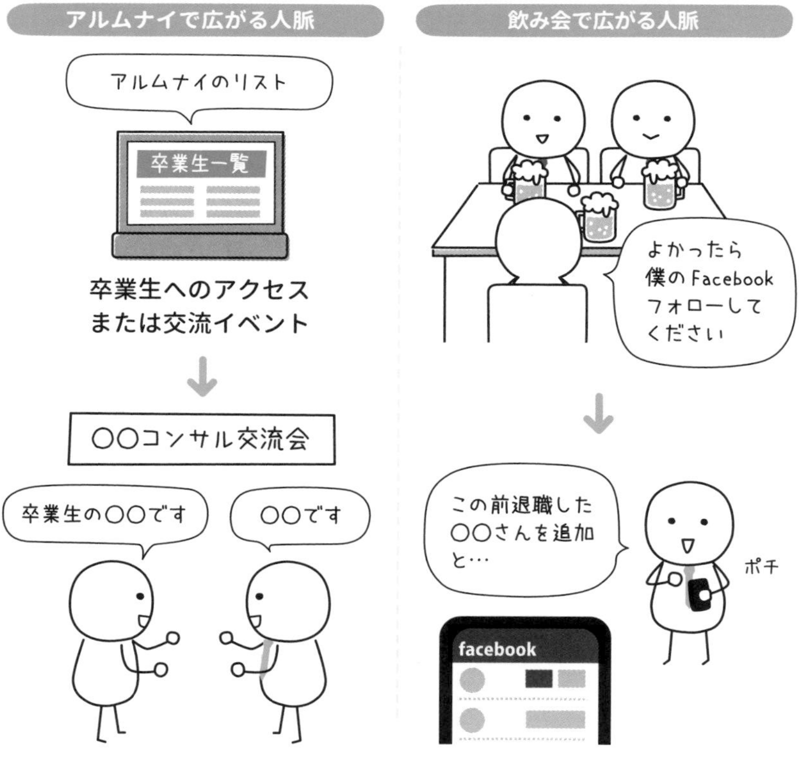

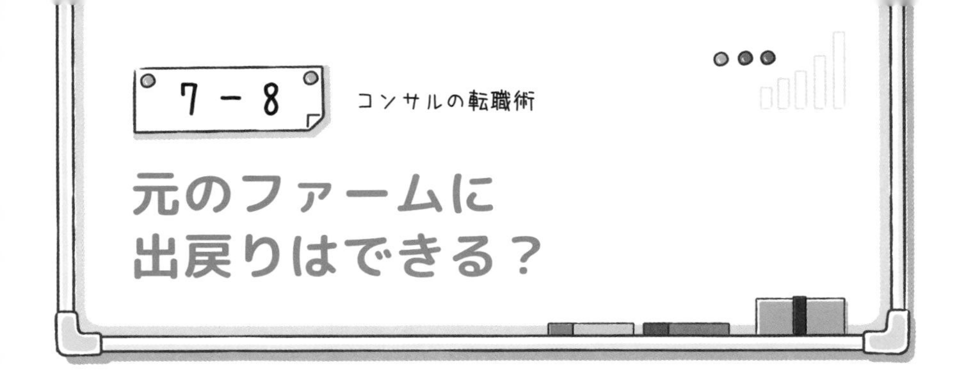

元のファームに出戻りはできる？

出戻りも歓迎されることが多い

出戻りは退職時の評判がよほど悪くない限り歓迎されます。

古い体質の日系大手だと、転職後に戻ってくるのはどことなく「裏切者」感があったり、プロパーと中途で人事テーブルが分かれていたりで出戻りしづらいことがあります。

一方、コンサルティング業界ではそのような雰囲気や扱いはなく、むしろ出戻り自体が「外部で経験を積んで成長した仲間が戻ってきた」というポジティブなとらえ方をされる傾向があります。

MBAを取得するために留学した後に戻ってきた、などの感覚に近いのかもしれません。

最近は人手不足もあって、退職者に対して求人情報を発信し、出戻りを推奨しているファームもあります。

前項で記載したアルムナイネットワーク経由でも求人が届くことがあり、元の待遇であれば望めばすぐにでも戻れるというケースが一般的です。

◎ 出戻りで歓迎されるには円満退社が必須

出戻りで歓迎されるためには、**在職時に評判が良いと共に円満に退職している必要**があるため、退職時の対応は丁寧に行いましょう。

また、元のファームとの関係を維持し、アルムナイネットワークや個人の連絡先を通じていつでも連絡が取れる状態にしておくことが望ましいです。

出戻りのしやすさはコンサルで働くメリット

出戻りしやすいが故、退職して何かにチャレンジする選択にさほどリスクを感じないのは、コンサルタントのキャリアを歩むメリットの1つだと筆者は思っています。

起業してしくじったら戻ってくる、あまりなじみがない分野に転職して失敗だと思ったら戻ってくる、といった歩み方ができるので、チャレンジングな選択を人生に採りいれることができます。

極端な話をすれば、資金がたまったので何年か好きに遊んでから出戻る、といったことも可能です。

自由度の高い人生を送りたい人は、コンサルティング業界を目指すのも良いと思います。

出戻りに対する反応の違い

COLUMN

コンサルティング業界からの転職体験記

コンサルタントからの転職に関しては私も複数回経験しており、直近の転職の顛末は「燃え尽きアラフォーコンサル転職記」(https://note.com/consultnt_a/n/n94aaf5fef618) に取りまとめてあります。

今回の転職は長時間労働に疲れ、家族との時間を確保するためにワークライフバランスの改善を主目的として緊急避難的に実施したものでした。転職活動の開始当初は事業会社への転職を主な選択肢として検討しており、製造業に専門性があることもありメーカーの経営企画部への転職を狙っていました。しかし転職活動を続ける中である程度の年収水準を維持しようとすると選択肢が減っていき、最終的には他のコンサルティングファームに転職することになりました。

色々なコンサルティングファームの話を聞いたところ、ファームの規模や属性によって労働時間及び個人が負う責任に関しては結構大きな差があるようです。複数のファームを比較した結果、最終的に年収水準と労働時間との折り合いがつくファームを見つけられたことが今回の転職の決め手になっています。

転職活動に関してのアドバイスとして一つ言えることは、できれば転職活動にはゆっくり時間をかけた方が良いということです。短期間で大量会社に対して転職活動を行うと心身への負担が大きいですし、転職活動は「活動を行っている期間に募集されたポジションしか選択肢に入らない」という原則があるため、取れる選択肢が狭まります。理想的には転職に向けて常にアンテナを立て、良いポジションの募集があったら受けてみる、という動き方になるのではないでしょうか。ゆるやかに転職の意向を知り合いに伝えていれば、リファラルの声がかかる機会も増えると思います。

自分の市場価値の把握や、業界のトレンドや転職難易度の把握のためにも、業界内外や転職エージェントとの情報交換を定期的に行うことをおすすめします。

燃え尽き
アラフォー
コンサル転職記

あとがき

この本を手に取っていただきありがとうございます。とあるコンサルタント（@consultnt_a）と申します。X（旧Twitter）上でコンサルをネタにして呟いているだけの自分に本を書かせてもらえる機会が巡ってくるとは、人生何が起こるかわからないものですね。少しだけ、本書のコンセプトを再度説明させてください。

本書は、コンサル業界を目指す方、ないしはコンサル業界に入りたての方に向けて、コンサル業界の初歩的な情報を伝えることを目的として書かれています。Xを運用している最中に、かなり素朴な、しかし切実な質問が来ることに気づいたからです（私はQuerie.meとMondというサービスで匿名の質問を募集しています）。

私が初就職したころはコンサルティング業界の採用数は少なく、狭き門扱いされていました。業界の情報に関してもあまり世の中に出回らず、たまに聞こえてくる噂話や人づてに業界のことを聞いて回り、乏しい情報を収集したものです。

一方、最近はコンサルティング業界も採用数が増え、特別な職業でもなくなりつつあります。その割にコンサルティング業界に関しての情報はまだ少なく、非対称性がある気がしています。

コンサル業界で出社する時はどんな服装が良いのか、ビジネスリュックは許されるのか、すぐクビになるって本当なのか、といった素朴な質問はコンサル界ではレベルが低いと見なされがちで、馬鹿にされそうなので面と向かっては聞きづらいものです。一方、私がコンサル業界に入る前、あるいは入った直後は、まさに日々こんなことに悩んでいました。

本書は匿名質問サービスに大量に寄せられた質問をピックアップして、それに答える形で記述しています。そういった意味で、まさに業界初心者の悩みに対して解決の糸口を示すべく書いた本です。本書により、コンサル業界を志望する人や、コンサル業界に入った人の不安が少しでも解消されたらこれに勝る喜びはありません。

逆に、あまり高尚な話や専門的な話、視座が高い話はこの本には書かれておりません。コンサル業界やビジネス書には既に良書と呼ばれる本が大量にあるので、高尚な話や専門的な話はこの本を読んだ後にそれらの良書から学んでいただければと思います。

また、コンサル業界は変化も早いため、本書が時代遅れになる、あるいはそもそも私が記載した内容が間違っている事もあるかと思います。その際はX上でご指摘いただくなり、匿名質問サービスでこっそり指摘していただければ幸いです。

最後に、本書を書くにあたって質問のデータ抽出に協力していただいたQuerie.meと、抽出したデータの整理及び壁打ちに付き合ってくれた妻に感謝申し上げます。

2024年1月

プロの仕事と業界を覗いてみよう

コンサルの歩き方

2024年2月15日　初版　第1刷発行

著　　　者　　とあるコンサルタント
装　　　丁　　宮下裕一
発　行　人　　柳澤淳一
編　集　人　　久保田賢二
発　行　所　　株式会社ソーテック社
〒102-0072　東京都千代田区飯田橋4-9-5　スギタビル4F
電話（販売部）03-3262-5320　FAX 03-3262-5326
印　刷　所　　図書印刷株式会社

ISBN978-4-8007-2125-9